4

계간 삼천리
해제집

이 해제집은 2017년도 정부(교육부)의 재원으로 한국연구재단의 지원을 받아 한림대학교 일본학연구소가 수행하는 인문한국플러스지원사업의 일환으로 이루어진 연구임(2017S1A6A3A01079517).

한림대학교 일본학연구소 일본학자료총서 II

〈계간 삼천리〉 시리즈

4

계간 삼천리
해제집

한림대학교 일본학연구소 해제

學古房

해제집 간행사

한림대학교 일본학연구소 HK+사업단 아젠다는 〈포스트제국의 문화권력과 동아시아〉이다.

이 아젠다는 '문화권력'이라는 문제의식과 관점으로 '동아시아'라는 공간을 어떻게 규정하고 해석할 수 있는가를 모색하고 고민하는 작업이며, 동시에 '제국'에서 '포스트제국'으로 이어지는 연속된 시간축 속에 '포스트제국'이 갖는 보편성과 특수성을 밝히려는 작업이 될 것이다.

이러한 아젠다 수행의 구체적 실천의 하나가 『계간 삼천리』 해제 작업이다.

이 『계간 삼천리』는 재일한국·조선인 스스로 편집위원으로 참가하여 그들의 문제를 다룬 것이며, 구체적으로는 재일조선인 역사학자 이진희와 박경식, 강재언, 소설가 김달수, 김석범, 이철, 윤학준이 편집위원으로 참여하였으며, 1975년 2월에 창간하여 12년간 1987년 5월 종간까지 총 50권이 발행된 잡지이다. 물론 재일조선인 편집인과 필진 이외에도 일본인 역사가와 활동가, 문학을 비롯한 문화계 인사들도 다수 참여하였으며, 이들 중 다수는 현재까지 재일한국·조선인 운동, 한·일 관계를 비롯한 동아시아 근현대사 연구에 관여하고 있다. 이러한 편집위원과 필진이다 보니, 여기에는 한국과 일본을 비롯한 동아시아의 정세분석, 역사문제, 재일조선인의 문화와 일상, 차별문제, 일본인의 식민 경험과 조선체험 등 다양한 주제로 망라되어 있다. 다시 말해서, 이들 기사는 1970년대 중후반과 1980년대 냉전 시대의 동아시아 속 한국과 일본, 일본 속 재일조선인과 한국 등을 가르는 문화권력 지형의 변화를 검토하는 데 유용한 자료인 것이다.

우리는 이 잡지를 통해서 '국민국가의 외부자'이면서 동시에 '국민국가의 내부자'인 재일한국·조선인의 '시각'에 초점을 맞추어 '냉전/탈냉전 시기 국민주의 성격'이 무엇인가에 대해 생각할 수 있는 기초 작업을 수행하게 된다. 이 성과는 한국사회와 일본사회 그리고 더 나아가서 동아시아 속에서 해결해야 하는 '국민국가' 문제나 '단일민족·다민족주의' 문제를 되돌아보게 하는 계기가 될 것이다, 특히 기존 선행연구들이 읽어내지 못한 재일의 세계관, 주체론, 공동체론, 전후 국가론'을 분석해 내어, 기존의 냉전과 디아스포라 문제를 '국가·탈국가'라는 이분법을 넘는 이론을 고안해 내는 데 미약하나마 일조할 것으로 생각한다.

참고로, 이 기초 작업의 주된 대상은 아래와 같다. ①동아시아 상호이해를 위한 기사('가교', '나의 조선체/조선관', '나에게 있어 조선/일본', ②당시의 동아시아 상호관계, 국제정세 시점에 대한 기사, ③조선과 재일조선인의 일상문화에 대한 기사, ④기타 좌담/대담 중 사업단 아젠다와 관련 있는 기사 등이다.

아울러 이 작업을 수행한 과정은 대략 다음과 같다.

먼저 HK연구 인력을 중심으로 TF팀을 구성하였다. 이 TF팀은 2주에 1회 정기적으로 열었으며, '가교(架橋)', '특집 대담·좌담', '회고', '현지보고', '동아리소개', '온돌방(편집후기)'을 해제 작업 공통 대상으로 선정하고 「집필요강」까지 작성하였다. 기본적으로 공동작업이라는 특성상, 「집필요강」을 엄격하게 적용하였으며, 동시에 해제 작성에 개인적 차이를 최소화해서 해제 작업의 통일성과 효율성을 최대한 확보하기 위해 노력하였다. 실제로 수합한 원고에 대한 재검토를 TF팀에서 수행하는 등 다중적인 보완장치를 마련하였다. TF팀은 현재까지 총 3권의 해제 작업을 마쳤으며, 2020년 5월 29일 자로 총 5권의 『계간 삼천리』 해제집 시리즈를 간행하게 되었다.

본 해제집이 재일한국·조선인의 시선을 통해 국가나 민족, 언어에 갇힌 삶이 아니라, 사람이라는 보편적 하나의 '삶'의 세계를 들여다보는 계기가 되었으면 하는 바람이다. 새로운 인식의 사회적 발신을 위해 『계간 삼천리』 해제 작업은 앞으로도 계속될 것이다.

일본학연구소 소장
서 정 완

1980년 여름(5월) 22호

1980년 가을(8월) 23호

1981년 가을(8월) 27호

1980년 여름(5월) 22호

4·19와 오늘의 한국

[座談会] 四·一九と今日の韓国

이카리 아키라는 아사히신문 기자로 외보부(外報部)에서 근무하였고 서울특파원을 지냈다. 서울에서 근무한 1969년부터 1973년까지 남북적십자 회담, 10월 유신 쿠데타 등을 취재하였다.

단토 요시노리는 요미우리신문 기자로 외보부에서 근무하였다. 74년 1년 간 서울 특파원으로 근무하였다.

정경모는 1950년 미국 에모리대학교 문리과대학을 졸업하고 6·25 발발 직후부터 56년까지 유엔군 군사정전위원회 소속으로 활동하였다. 이후 한국정부 기술고문 등을 거친 후 1970년 일본으로 건너가 활발한 문필활동을 통해 민주화 통일운동에 참여하였고 『민족시보』 주필을 지냈다.

이 좌담회에서는 4·19 20주년과 박정희 시해의 정국에서 70년대 민주화 운동에 4·19가 끼친 영향, 민주화 운동과 4·19 운동의 차이, 4·19의 한계를 통해 80년대 민주화 운동이 나아가야 할 길 등이 논의되고 있다. 80년대에는 남북 화합이 중요하다는 것도 덧붙이고 있다.

『계간삼천리』 편집부는 올해가 이승만 정권을 붕괴시킨 4·19 학생운동 20주년이고 작년 박정희가 시해된 현정국에서 4·19의 의미를 알아보는 것이 좌담회의 목적임을 밝히고 있다. 이후 이카리 아키라는 한국에 특파원으로 파견된 이후 학생들의 시위가 지

페이지
68-78

필자
이카리 아키라
(猪狩章, 미상),
단토 요시노리
(丹藤佳紀, 미상),
정경모(1924~)

키워드
학생운동, 민주화운동,
박정희, 냉전, 남북

해제자
정충실

속되었는데 이 때 저항시위가 4·19 학생운동에 기원하고 있음을 학생들로부터 들었음을 이야기하고 있다. 또한 박정권은 4·19 학생운동 이후 성립되었지만 학생들을 무서워해서 대학의 정원을 줄이고 사립대학 등록금을 올려 부유한 집안의 자제만이 대학생이 되도록 해 학생운동의 기세를 꺾고자 했다고 설명하고 있다.

단토 요시노리는 74년 박정권의 긴급조치 발동, 민청학련 사건 이후 수그러들었던 학생운동의 기세가 그해 가을부터 다시 거세지기 시작해 참여세력이 확대되어 방송기자들의 자유언론실천투쟁을 비롯한 학생 이외의 사람들을 주축으로 한 민주화운동이 일어나는 상황을 목도했음을 밝히고 있다. 민주화운동을 보면서 그 역시 4·19 정신이 지속되고 있음을 느꼈다고 설명하고 있다.

이어 정경모 역시 4·19가 학생혁명이었다면 70년대의 민주화운동은 지식인, 저널리스트, 노동자, 농민으로 참여 대상이 확대되고 있다고 말하고 있다. 70년대의 민주화 운동에서 중요한 기점은 전태일의 분신자살 사건인데, 이후 그의 어머니인 이소선 여사가 지극히 평범한 주부에서 민주화투사로 활동하고 있는 것을 통해서도 참여 대상이 확대되고 있음을 알 수 있다 말한다.

단토 요시노리는 4·19가 일어난 때 일본에서는 안보투쟁이 있었고 베트남에서는 민족해방운동전선이 결성되는 등 60년대는 냉전구조가 확립되는 시기였다고 설명하고 있다. 이러한 상황에서 해방운동전선 결성에서처럼 4·19는 부패한 정권을 타도해 민족통일을 시도한다는 점이 유사하다고 보고 있다. 이에 4·19는 학생들에 의해 남북학생회담이 요구되는 등 민족통일을 바라는 민족주의 색채가 강한 운동이었다고 말하고 있다.

정경모는 4·19에서와는 달리 최근의 민주화운동에서는 미국의 정치적 의도에 대해 비판적으로 사고하고 일본의 경제적 침략을 명백히 인식하고 있다고 보고 있다. 이어 단토 요시노리는 사이공이 함락될 때 미국이 동맹국인 한국인의 탈출 편의를 돕지 않았던 것은 한국인에게 큰 충격을 주기도 했다고 언급하고 있다. 이카리 아키라는 일본의 기업이 마음껏 한국에 진출하도록 박정권이 협조한 것에 많은 한국인들이 반발감을 가지고 있다는 것을 지적하고 있다.

이어 단토 요시노리는 일본 기업의 한국 진출은 일본의 보수정권과 기업, 한국의 독재정권이 유착해 가능한 것이었다고 말한다. 이카리 아키라는 일본의 오래된 쌀이 69년 삼선개헌과 71년 대통령 선거 직전에 도입되었는데 이는 일본 시중 가격 보다 고가로 팔렸다고 한다. 한국 정부는 일본쌀을 시중에 공급하여 선거운동에서 남발한 통화를 흡수할 수 있었다고 한다. 그는 이것이 일본의 보수 정권과 한국의 독재정권이 유착한 대표적인 사례라고 보고 있다. 이렇게 일본과 한국의 권력 사이에는 리베이트, 경제적 이득이 있기에 유착의 구조가 붕괴되지 않고 이어지는 것이라고도 덧붙이고 있다.

정경모는 한국 주변국가의 인구는 전 세계 인구의 40%에 해당하고 전 세계 군사비의 60%가 이 지역에서 사용된다고 지적한다. 이러한 상황에서 38도선이 지양되는 것만으로도 인류에게 전인미답의 새로운 비전이 생겨나는 것이라고 설명한다. 이러한 지향이 없다면 4·19가 굉장했다는 것만으로 후세대에 면목이 없는 것이라고 덧붙이고 있다.

단토 요시노리는 4·19는 통일을 지향하고 38도선 상에서 남북학생회담을 실현하려한 움직임을 보였지만 지금 생각해 보면 구체성을 결여하였고 이상적이기만 한 성급한 것이었다고 보고 있다. 이에 박정희 시해 이후 한국이 북한에 대한 태도를 전면 수정한다면 북한 역시 태도를 바꿀 것이라고 하면서 쌍방 간 회담이 성사되는 것만으로도 조선반도의 정세에 중요한 기점이 될 것이라고 지적하고 있다.

정경모는 80년대는 조선민족에게 운명적 10년이 될 것이라고 하면서도 지금 남북자신이 스스로의 힘만으로 극복할 수 있는 것은 없다고 보고 있다. 관계대국의 사이에서 각각의 입장이 미묘하여 그들의 남북통일에 대한 태도가 무엇인지 알기 어렵다고 지적한다. 이러한 상황에서도 이 문제를 풀어나가는 것은 조선민족 역량 문제라고 하면서 지금이야 말로 그 역량을 시험받는 시기라고도 말하고 있다.

가교

데루스 와자라에 대해서

[架橋] デルス・ワザーラについて

하세가와 시로는 북해도 출신으로 대학 졸업 후 남만주철도주
식회사에 입사하였다. 시베리아에서의 포로 체험을 바탕으로 문학
작품을 발표하였고 이후 신일본문학회에서 활약하였다. 1967년에
는 베이루트에서 열린 제3회 아시아아프리카 작가회의에 일본대
표단 단장으로 참여하기도 하였다.

이글에서는 저자가 『데루스 와자라』를 번역하게 된 경위를 언급
하고 그 책의 내용이 20세기 초반 자본주의의 침투로 인해 연해주
원주민이 소멸하게 된 과정을 묘사한 것임을 설명하고 있다. 마지
막에는 이와 관련해 문명의 진보의 의미에 대해서도 고민해보고
있다.

페이지
14-17
필자
하세가와 시로,
(長谷川四郎,
1909.6.7~1987.4.19)
키워드
시베리아,
아르세니에라,
원주민, 만철
해제자
정충실

만철 조사부는 만주, 중국의 역사지리에 대해서 폭 넓은 조사연
구를 행하였는데 나는 1941년 그 조사부 제 3조사실 북방반에 근무
하였다. 북방반에서는 소련 그 중 특히 시베리아에 대한 것을 연구
하였는데 시베리아와 몽고에 관한 정보를 수집하였다. 나는 주로
시베리아에서의 공업에 관한 조사를 행했다. 이는 시베리아의 지
방신문을 면밀히 살펴 공장의 소재를 파악하는 방식으로 행해졌다.
일이 그렇게 과중하지는 않아서 종종 대련의 도서관을 방문하기도
했는데 그곳에는 타브르스카야 부인이라고 하는 타이피리스트가
있었다. 그 부인의 소개로 아르세니에라의 『데루스 와자라』라고

하는 책의 존재를 알게 되었다. 나는 시간이 날 때마다 조금씩 번역하였고 전편번역에는 반년이라는 시간이 걸렸다.

각지의 산과 들을 돌아다니며 자연을 관찰 기록하는 자연과학자였던 아르세니에라는 1907년경 연해주를 탐험한 결과를 『데루스 와자라』라고 하는 책으로 출판하였다. 전체적으로 이 책은 중국인, 러시아인에 의해 그 지역의 원주민들이 멸종해 가는 과정을 기록한 것이다. 원시 공동체가 보다 진화한 상업자본주의에 의해 소멸해 간 것을 포착한 것이다. 이후 제정 러시아는 소비에트가 되었고 우수리 지방의 개발도 진척되었다. 원주민은 단지 지명의 가운데 겨우 그 흔적들을 남겼을 뿐이다.

고층빌딩이 가득한 도시를 걸으면서 80년 전의 『데루스 와자라』에서 원주민들의 생활을 생각해보게 된다. 문명은 진보하지만 획일화를 만들어 내고 그에 편입되지 못한 자들은 사라져 버린 것이다.

두 조선인과의 추억

[架橋] 二人の朝鮮人の思い出

스가와라 가쓰미는 시인으로 1947년 일본공산당에 입당하였으나 1961년 제8회 당대회 전에 당의 규율에 반대해 의견서와 성명을 발표하여 제명되었다. 그 후는 신일본문학회의 주 회원으로서 활동을 이어나가며 작품을 발표했다.

이 글에서는 공산당 활동을 하며 만났던 두 명의 조선인과 만나게 된 과정, 그들과의 추억을 설명하고 있다.

1933년에는 고엔지(高円寺)에 세들어 살았다. 거처 주변에는 밭과 들이 펼쳐져 있어 현재의 고엔지와는 아주 다른 모습이었다. 이때 나는 우연한 계기로 당시 공산당 군사부의 기관지 『병사의 친구(兵士の友)』 인쇄를 맡게 되었다. 이 때 기관지를 배포하는 일을 맡은 이는 체격이 좋은 조선인이었다. 그가 조선인이라는 것은 인사를 나눌 때 조선인 특유의 억양에서 알 수 있었다. 조선인 당원을 만난 것은 그때가 처음이었다. 같은 지하생활을 한다는 연대감으로 알게 모르게 우리 둘은 친밀한 사이가 되었다. 어느 무더운 날 나는 내가 만든 등사기를 그에게 설명해 주기도 했다. 이후 한 시간쯤 이야기를 나누다 그는 다음에 만나자며 기관지 배포를 위해 길을 나섰다. 그와의 만남은 그것이 마지막으로 다시 그를 만나지는 못 했다.

이후 『적기(赤旗)』를 인쇄하던 때였는데 나는 결핵이 재발하여

페이지
17-19

필자
스가와라 가쓰미
(菅原克己, 1911~1988)

키워드
병사의 친구, 적기,
아리랑, 검거, 유치

해제자
정충실

집에 쉬고 있던 중 1935년 검거되고 만다. 내가 머물고 있던 유치장에 이후 5, 6인의 사람들이 검거되어 들어왔는데 그 중에는 한명의 조선인이 있었다. 그는 키가 크고 말이 없었는데, 이틀에 한번 정도 조사실에 끌려갔다. 그가 끌려가 있는 동안 같은 유치장에 있던 사람들은 그를 걱정하였다. 그래서인지 그는 취조가 끝난 이후 유치장으로 돌아오면서는 항상 유치장에 있는 사람들을 위해 웃어주었다. 어느 날 취조가 끝난 이후 그의 곱슬머리 사이에 담배 몇 개와 성냥이 숨겨져 있다는 것을 알게 되었다. 조사실의 형사가 은혜를 베풀어준 모양이었다. 밤이 되자 모두 모포를 뒤집어쓰고 담배를 폈다.

이후 나는 연말에 귀가할 수 있었지만 그 조선인 친구는 그대로 남아 있었다. 내가 귀가하기 전에 그 조선인 친구로부터 『아리랑』을 들을 수 있었다. 노래를 부른 후 그는 "어때 좋지"라고 말하며 웃어주었다.

그들을 만난 것도 벌써 45, 46년 전의 일이다. 젊은 시절에는 세상을 잘 알지 못 했지만 나의 사상에 충실했다. 젊은 시절의 나를 비롯해 그 때 만나던 소박한 두 사람의 조선인의 얼굴이 지금까지 가슴 속에 남아있다.

천 엔 지폐 속의 안중근
[架橋] 千円札の中の安重根

페이지
19-22

필자
무로 겐지
(室謙二, 1946~)

키워드
하세가와 가이타로
(長谷川海太郎),
다니 조지(谷讓次),
이토히로부미
(伊藤 博文),
중앙공론(中央公論)

해제자
정충실

무로 겐지는 일본의 평론가로 대학 재적 중 베헤렌(ベ平連)에 참가하였다. 그 후 김지하의 구명활동을 벌였고 김지하의 영어시집을 출판하기도 하였다. 『사상의 과학(思想の科学) 』 편집대표 등을 역임한 후 80년대 후반부터 미국에 정착. 1998년에 시민권을 취득하였다.

이 글에서는 하세가와 가이타로(長谷川海太郎)가 일본에서는 금기시되어 있는 안중근을 주인공으로 한 작품을 남겼음을 소개하고 이토히로부미와 일본근대를 제대로 이해하기 위해서는 안중근에 대한 관심이 필요함도 지적하고 있다.

나는 소설가 하세가와 가이타로의 팬으로 그가 1931년의 『중앙공론(中央公論)』에 다니 조지(谷讓次)라는 이름으로 이토 히로부미(伊藤博文)를 하얼빈에서 저격하여 살해한 안중근을 주인공으로 해 희곡을 썼다는 것을 알고는 깜짝 놀랐다. 그가 쓴 다른 작품과는 아주 판이하여 그가 이러한 희곡을 모두 썼다는 것이 놀라울 뿐이었다.

천 엔 지폐에는 없지만 이토히로부미 초상의 아래에 안중근의 초상이 인쇄되어 있다고 상상할 때 일본 역사 가운데 이토 히로부미는 우리들의 눈앞에 생생히 드러나고 그 때 역사는 정확한 의미를 가질 것이다. 그리고 천 엔 지폐는 역사 교과서가 될 것이다.

그러나 안중근은 일본의 역사 가운데 철저히 숨겨지고 잊혀져 있다. 일본이라는 국가에 있어, 지폐에 새겨질 만큼의 대인물인 이토 히로부미를 조선독립을 위해 사살한 안중근에 대해 흥미를 가지고 있는 문학인은 거의 없는 듯하다. 아니 관심을 가지고 있더라도 이야기할 수 없을지도 모른다. 내가 아는 한, 하세가와 가이타로만이 다니 조지라는 이름으로 유일하게 안중근에 대한 작품을 남겼다. 이 작품은 공상적인 것은 아니고 자료를 읽고 사실에 근거해 쓴 작품이다. 1931년 이 작품이 쓰여진 해는 만주사변이 시작된 때이다.

5, 6년 전, 안중근에 대한 작품을 써 보고 싶다는 생각이 들어 일본어로 쓰여진 책과 자료들을 읽어본 적이 있다. 이를 통해 안중근에 대해 글을 쓴다는 것은 곧, 그와 대척점에 있던 이토히로부미와 근대일본에 대해 쓰는 것이기에 쉽지 않은 작업임을 느끼게 되었다. 그러나 사건 그 자체를 다큐멘터리처럼 철저하게 실증하여 일본인 독자에게 제공하는 것은 가능할지도 모른다.

또한 왜 다니 조지만이 안중근에 대한 작품을 남길 수 있었는지가 궁금하다. 이에 대해 본격적으로 연구해 보고 싶지만 해야 할 일들에 쫓겨 조직적, 계획적으로 공부를 하지 못하고 있다.

하세가와 가이타로는 홋카이도에서 자라나 미국에서 소수민족으로 살다가 선원으로 태평양을 넘어 중국, 조선을 거쳐 일본에 돌아왔다. 미국에서는 잠깐 노동운동에 관계하기도 하였다. 그는 일본인이면서도 일본인이 아닌 채로 일본에 돌아와 작품 활동을 행한 것이다. 이러한 그의 인생 역정으로 인해 안중근을 다룰 수 있었던 것이었는지도 모르겠다. 그가 쓴 '인중근'은 러시아 소설에 등장하는 테러리스트와 유사한 부분이 있을 것 같기도 하다. 조선인이 이 소설을 읽는다면 기묘한 기분이 들 것이다.

거리공연이라는 것

[架橋] 大道芸のこと

페이지
22-25

필자
나카무라 데루코,
(中村輝子, 미상)

키워드
꼭두각시, 원숭이 공연,
민속, 남사당

해제자
정충실

나카무라 데루코는 1962년 교도통신사에 입사하여 문화부 기자, 편집위원, 논설위원을 거쳐 1998년에 퇴사하였다.

이글에서는 일본의 원숭이 공연이 복원되었음을 알리면서 한국 남사당의 꼭두각시 인형극을 관람한 체험과 느낌을 전하고 있다.

메이지, 다이쇼 시기 도쿄에서는 원숭이 공연이 행해졌다. 큰 북소리에 유인된 사람들 사이에서 원숭이가 재주넘는 것을 보여주는 형태이다. 그러나 쇼와시기에 들어 원숭이 공연 횟수는 줄어들었고 쇼와 30년대에는 완전히 사라졌다. 거리 공연가에 대한 차별도 있었고 사회가 고도성장하는 과정에서 원숭이 공연은 사라져 간 것이다. 그러나 2년 전 민족문화영상연구소에서 원숭이 공연의 부활과정을 촬영하고 있다는 소식을 들었다. 해방운동 활동가, 민속학자, 원숭이 학자 등의 원조 아래 원숭이 조련에 착수한 것이 1976년이었다. 작년부터는 흥행을 시작해 그것이 촬영되기도 했다. 나는 이 촬영본을 일본의 원숭이학 권위자들과 함께 볼 기회가 있었다. 권위자들은 꼬리의 움직임, 발가락 끝, 귀의 움직임까지 하나하나를 파악해 그 심리상태를 추측하고 토론하였다.

이런 거리공연을 대하고 있으니 생각나는 것이 작년 여름 한국의 중요무형 문화재인 민속인형극 <꼭두각시>가 예능 집단인 남사당패에 의해 처음으로 일본에서 공연된 일이다. 인형극 시작 전에 여성 1인을 포함한 5명의 악대가 악기를 연주하고 경쾌한 템포로 관객 사이를 파고들기 시작한다. 큰 북, 피리 등의 음은 활력에 가득 차 있고 그들은 노래를 부르기도 한다.

남사당은 현재 조선시대 색이 짙게 남아 있지만 꼭두각시는 삼국시대부터 전래되어온 민속인형극이다. 남사당은 여인만으로 구성되어 매춘을 하기도 했다고 하며 동성애자로 구성된 남사당도 있었다고 한다. 반질서적인 존재였던 그들은 유랑민으로 어디에도 정착하지 못 하였다. 1930년대 들어 남사당은 가족집단으로 구성되는 것으로 변한다. 현재 남사당은 여러 개의 예능을 행하는데, 농악, 접시돌리기, 가면극 등으로 구성되어 있고 최후에 등장하는 것이 꼭두각시이다. 악사들은 무대 앞에 앉아 관객의 반응을 보며 임기응변식의 연주를 행한다. 인형의 단순하고 자유로운 몸놀림은 잔인하고 노골적이며 원색적이다. 천박하고 위험함으로 관객을 매료시킨 인형극이 끝나면 남사당은 그 마을을 떠나 유랑한다. 타자인 탓에 천박하고 위험한 공연을 할 수 있었던 남사당은 마을을 떠나고 마을 사람의 생활에서 사라짐으로서 역으로 이 예능은 생명력을 연장하게 되는 것이다. 극이 끝나면 다시 악사들이 소란스럽게 연주하며 돌아다니는데 그 웅장한 소리가 지금도 생생히 들려오는 듯하다.

이후 남사당 단장을 만난 적이 있다. 그는 남사당 연구자이면서 한국민속극연구소장이기도 하다. 그에 의하면 최근 한국에서는 전통예능 특히 민속극이 재평가되어 대학생들이 그 전승에 적극적이라고 한다. 그는 분단 상황에서 통일이 되었을 때 분단을 극복하는 데 있어 전통예능이 중요한 역할을 할 것이라고 보기도 하였다.

조선인의 하와이 이주와 일본
朝鮮人のハワイ移住と日本

웨인 피터슨 작자 미상이다.

이글에서는 20세기 초반 일본의 조선합병 과정에서 일본이민자
들의 이익을 보호하고 일본의 국격을 지키기 위해 조선인 이민자
들의 하와이 이민을 금지하는 과정을 설명하고 있다.

일본은 메이지유신 이후 자주권과 대국으로서의 지위를 새롭게
얻은 탓에 대담한 외교정책을 취하는 것이 가능했다. 구미열강이
아시아, 아프리카, 라틴아메리카에서 세력 확대를 추진하고 있었
듯이 일본은 동양의 지도자가 되고자 했다. 그 과정에서 일본의
관심을 끄는 존재는 당연 조선이었다. 1900년 전후 일본은 조선에
대한 내정 간섭 준비에 착수하여 이후 미국으로의 조선인 이민
문제에도 적극적으로 간섭하게 된다. 1903년 1월 최초의 조선인
노동자 65명이 하와이 사탕수수 농장에 보내졌다. 1903년부터
1905년 사이 약 7000인의 조선인이 하와이에 이주하였는데, 이는
사탕수수 농장 노동에서 일본인 노동자의 독점권을 상실하게 하
는 것이었다. 그렇기에 곧 조선인의 하와이 이주는 일본정부에 의
해 봉쇄되었다.

1903년 당시 조선조정에 대한 일본의 영향력은 완전한 것은 아
니어서 일본이 조선인의 하와이 이주를 막는 것이 쉽지만은 않았
다. 그럼에도 일본의 외무성은 조선인 해외이민에 대한 감시를 지

페이지
178-195

필자
웨인 패터슨
(ウェイン・パターソン,
미상)

키워드
사탕수수 농장,
이민, 캘리포니아,
중국, 보호국

해제자
정충실

속해나갔고 조선주재의 외교관으로부터 보고를 받았다.

도쿄의 민간 일본인 해외이민 주선업자들은 조선인의 하와이 이민이 미국에서 일본인노동자에 대한 수요를 저하시키고 그 이익도 감소시킨다며 강력 반발하였고 이 과정에서 일본의 국익 침해 문제를 제기하였다. 그러나 하와이에서 일본인의 궁핍한 상황 때문에 조선의 내정문제에 간섭해야 하는지 일본정부는 확신할 수 없었기에 조선인의 하와이 이주를 선뜻 금지시키지 못 했다.

이러한 과정에서 캘리포니아주에서는 일본인 이민제한 조례 제정 움직임을 보이게 된다. 이미 중국인 이민이 제한되어 있는 상황이었는데, 이는 미국이 일본과 중국을 동일하게 취급하는 것이기에 메이지유신 이후 일본의 대외 이미지 개선 노력은 수포로 돌아가게 됨을 의미하는 것이기도 했다. 일본의 이익을 지키기 위해서는 미국에서 일본인 배척 조례가 가결되는 것을 막을 필요가 있었다. 일본은 하와이 주재일본인의 미국 본토로의 이주를 감소시켜서라도 미국 전체에서 일본인 배척 조례가 제정되는 것을 막으려 했다. 이에 일본은 하와이 주재 일본영사의 허가 없이는 일본인이 캘리포니아에 이주하는 것을 억제하려 해보고 일본인 패스포트에 영어로 '하와이에서만 유효'라는 문구를 기재했지만 이는 법적 효력을 갖는 것이 아니었다. 이에 일본은 조선인의 하와이 이주를 금지시킴으로서 하와이에서의 일본인 노동자의 독점적 지위를 강화하여 이것이 하와이에서 이주 일본인의 임금을 인상시키고 노동조건을 개선하게 해 일본인이 캘리포니아로 이주하려고 하는 유인 요소를 줄이고자 하였다. 이것이 가능하다면 워싱턴 당국도 일본인 배척 조례제징 필요성을 느끼지 않게 되리라고 일본 정부는 생각하였다.

이후 일본정부는 조선정부에 압력을 가해 해외 이주 금지령 실시 강요를 강요했다. 이에 실제로 진남포에서 하와이로 출발하는 조선인 90명의 이주를 막기도 했다. 또한 조선정부의 무능으로 인해 조선인의 국외 이주는 명확한 법률기반을 가지지 못하여 이민보호규정도 없는 상태였다. 이에 일본 정부는 조선인의 국외 이주 재개를 막기 위해 조선정부의 이러한 약점을 최대한도로 활용했다. 하와이에서 조선인 이민의 감독을 일본영사가 맡고 있었던 것도 조선인의 하와이 이주를 막을 수 있는 좋은 조건이었다. 1904년에는 한일의정서가 체결되어 조선정부가 자주적으로 행동하는 것은 더욱 어렵게 되어 조선인 이민문제의 결정권은 일본 정부에 의해 보다 손쉽게 관리되었다.

곧 이토히로부미의 강경책에 의해 조선은 일본의 보호국이 되었고 조선정부는 자율권을 상실하였다. 이민업무는 통감부에 의해 처리되었다. 이후 조선인의 하와이로의 이민 규제 상황은 지속되었다.

온돌방
おんどるばん

판소리를 소개해 주었으면 한다. 후추시(府中市) · 쓰루조노 유타카(つる
ぞのゆたか) · 학생 · 29세

지식인의 무거운 논문 이외『춘향전』같은 판소리에 나타나는
조선 민중의 모습 등의 소개가 있으면 좋을 것 같다. 민중의 비판,
저항의 원천은 도대체 어디에 있는지? 일본의 민중도 이에 대해
배울 가치가 있는 것 같다.

졸업논문으로 조선에 대해 쓰려고 한다. 센다이시(仙台市) · 와코 미스
즈(若生みすず) · 학생 · 21세

센다이(仙台)에는 조선에 대해 학습할 장이 별달리 없지만, 3년
간 계속되고 있는 조선어 학습회에서는 귀 잡지의 기사가 화제가
되고 있다. 졸업논문으로 일본의 식민 지배를 다루어 보려고 생각
하고 있다. 이후에도 편향되지 않은 다방면의 기사를 기대한다.

생활에 밀착한 기사 오케가와시(桶川市) · 스즈키 히데미치(鈴木秀道) · 고
교교사 · 35세

고교의 지리강의에 참고용으로 본지를 구매했는데 도움이 되는
부분이 많았다. 구체적 생활에 밀착한 보고가 많기 때문에 기사들
은 추상적 개념에 빠지지 않고 설득력 있는 내용이 많았다. 또한
본지에서 연재된『교과서에 쓰여진 조선』도 구입해 보았는데 불필

페이지
254-256

필자
독자

키워드
춘향전, 조선,
창씨개명, 고향,
합병, 추억

해제자
정충실

요한 부분을 삭제한 간결한 내용이어서 많은 도움이 되었다.

양 씨(梁氏)의 논문이 좋았다

본지 21호 양영후(梁永厚)의 「야나기타 구니오와 조선민속학(柳田国男と朝鮮民俗学)」이 흥미 있었다. 이 논문에서는 '근대 일본이란 무엇인가'가 다시 질문되기도 했다. 이후 일본과 조선, 일본과 중국, 일본과 대만, 일본과 오키나와 관계에 대한 주제도 다루어 졌으면 한다.

사전에도 없는 창씨개명 하치오지시(八王子市)·나카무라 마모루(中村守)·교원·36세

지리수업시간에 조선을 다루는 부분에서 수업전 학생들에게 강제연행과 창씨개명에 대해 조사하게 했다. 이 과정에서 알게 된 것은 이 단어들이 사전에도 나오지 않는다는 것이었다. 조선에 대해 행해진 최대의 만행이라 불리운 창씨개명이 사전에도 실리지 않았다는 것은 사전의 출판사가 반성해야 할 문제인 것 같다.

긴메이(きんめい) 군에 관하여 요코하마시(横浜市)·오니지마 미츠오(鬼島満男)·교원·47세

내가 소학교 5, 6학년 때 친하게 지내던 친구 중 조선인인 긴메이가 있었다. 어느 날은 내가 그의 집 앞에서 10엔을 주웠는데 그 돈으로 친구들에게 먹을 것을 사주었다. 그날 저녁 긴메이가 새파랗게 질려서 나를 찾아왔는데 실은 그 돈이 그의 것이었던 것이다. 쓰고 남은 돈이라도 돌려줄 수 있겠냐고 부탁하며 그 돈을 가지고 돌아가던 그의 모습이 떠오른다. 그 후 나는 학동소개(疏開)조였고 그는 잔류조여서 헤어지게 되었고 마을로 돌아온 이후에도 그의 모습을 다시는 볼 수 없었다. 그때로부터 35년의 세월이 흘렀다.

지금 나는 교사가 되었고 가끔 그가 생각난다. 그의 양친과 나의 양친은 서로 인사를 나누는 좋은 사이였는데 아마도 그의 양친도 우리 양친처럼 돌아가셨을 것이다.

추억하는 것 가이난시(海南市)·세토 고코(瀬戸光子)

나는 충청북도 충주에서 태어나 전후 귀환했다. 그래서인지 신문, 잡지, 텔레비전, 라디오 등에서 조선이 나올 때는 눈여겨본다. 조선어는 오랜 시간동안 많이 잊어 버렸지만 조선인의 대화를 들을 때면 고향에 와있는 듯 한 착각을 하고는 한다. 재일조선인 작품도 애독하고 있는데 이때 많은 추억이 떠오른다. 언젠가 조선을 방문해 보고 싶다. 19호의 강재언의 「조선의 유교, 일본의 유교(朝鮮の儒教、日本の儒教)」는 아주 흥미로웠다.

합병과 3·1 고지시(高知市)·에구치 겐조(江口健三)·회사중역·69세

나는 1910년생으로, 이때는 조선의 주권이 일본군국주의자에 완전히 빼앗긴 해여서 그런지 조선 문제에 특히 관심이 많다. 홋카이도제국대학에 1927년 입학했는데 그 때 약 30여명에 가까운 조선인 유학생이 있었다. 이 학생들은 말하자면 당시 조선의 특권 계층 자제들이었다고 생각된다. 모두 애국자로 용감하게 일본의 억압에 맞서 싸웠던 것이 잊혀지지 않는다. 본지 17호를 우연히 보았다. 금년은 만세 사건의 60주년으로 그때 일본의 행동들을 생각해 보았다.

더 알고 싶다 교토시(京都市)·아마다 겐지(天田建治)·회사원·36세

어느 신문사의 여행프로그램을 통해 한국 고적 답사를 한 적이 있다. 이때 일본문화의 원류를 알 수 있었지만 한편으로는 식민지 시기 일본인의 잔혹함을 알고서는 부끄러운 마음도 들었다. 조선

에 대한 것을 더 알고 싶어서 서점에서 본지를 구입했다. 모두 읽은 후 만족감도 들었다.

일본인으로서 생각하는 것 도쿄도(東京都) 도요시마구(豊島区)·와타나베 덴이치(渡部丞一)·학생·23세

일본과 조선의 과거와 현재를 생각하게 된 것은 대학에 입학하고 나서이다. 재일조선인 작가들의 소설도 많이 읽었다. 조선어 공부도 계속하고 있는데 올해는 메이지대학(明治大学)의 자주강좌에 참여하면서 새롭게 일본인에게 있어 조선어는 어떤 의미인지를 생각하고 있다. 그러한 가운데 제 20호는 정말 다양한 의미에서 생각해볼 수 있는 내용이었다. 재일조선인 문학이 가진 의미와 방향성, 그리고 그 창조자인 조선인에 대해 감동했다.

편집을 마치고
編集を終えて

남북의 수상회담을 열기위한 예비 만남으로서 실무자 회담이 지금 판문점에서 개최되고 있다. 당사자들은 이번의 기회가 민족사에 있어 아주 중요한 순간임을 유념했으면 한다. 지금 절실히 요구되는 것은 통일에 대해 미사여구를 꾸며내는 것이 아니라 상대를 존중하고 대화를 진전시키는 것이다.

포스트 박정희를 둘러싸고 신문, 잡지 등에서는 다양한 논의들이 진행되고 있지만 올해는 이승만 정권을 전복시킨 4·19 학생운동의 20주년이다. 4·19와의 관계 속에서 포스트 박정희 시대의 한국을 이해하기 위해 이번 호를 기획했다.

본지 20호의 특집 「재일조선인문학」은 호평을 받아 이에 대한 강좌를 열어달라는 요청이 많았다. 이에 「삼천리 강좌: 조선과 문학을 말하다」를 5월 30, 31일 양일간 개최한다. 또한 『김달수소설전집』(전7권) 간행을 기념해 「김달수전」이 시부야(渋谷)에서 개최된다.

페이지
256

필자
이진희(1929~2012)

키워드
남북, 수상회담,
판문점, 포스트 박정희,
재일조선인문학

해제자
정충실

1980년 가을(8월) 23호

36년간의 기억/추억
[架橋] 36年間の憶い出

스도 노부는 작가이다. 문학계 동인지에 『노인과 매화꽃(老人と梅の花)』이라는 글이 있다. 이 글에서는 식민지기 서울에서 태어나 생활했던 내용을 기술하고 있다.

나는 1909년 4월 3일 경성 지금의 서울에서 태어나, 36년간을 그곳에서 보냈다. 패전 후 일본으로 왔는데, 일본에서의 생활은 1년 부족한 35년이었다. 기후, 풍토, 자연, 음식 등등 아직까지 일본의 그것에는 위화감이 있으며 익숙하지 않아 망향(望鄕)을 품고 살고 있다. 그렇지만 일본인이 무엇을 했는가를 생각해 보고, 또한 현재의 한일관계를 생각하면 '그립다고 말하는 것'에는 위화감이 있을 것이다.

나의 부모님은 당시 대한병원 – 경성제국대학부속병원에 근무했고 일본으로 귀국하기 전까지 서울에서 살았다. 어머니는 의사의 딸로서 조산부였다. 지금 생각해 보면 부모님은 자유로운 사고방식을 가진 분들이었다고 생각한다. 나에게 인간에게 귀천이 없다는 것을 자주 말해주었다.

패전 당시 밤늦게 조선인들이 우리 집 문을 두드렸다. 산가(産家) 사람들이었다. 그들은 어머니를 위해 시골에 살 곳을 준비해 주었다. 조선에 남아 달라고 부탁을 해왔다. 어머니는 울었고, 그 사람들도 울었다. 그곳에는 인간과 인간이 있을 뿐이었다.

페이지
14-18

필자
스도 노부
(須藤宣, 194~2013)

키워드
경성제국대학부속병원,
경성서대문심상소학교,
서사시, 사소설,
고토 메이세이

해제자
전성곤

나는 서울에서 초등학교, 여학교를 마치고 경성사범학교 여자강습과를 졸업했다. 그리고 10여년 정도 초등학교 교원을 지냈다. 경성서대문심상소학교 교원으로 근무하다가 퇴직하고 결혼생활에 들어갔다.

나는 내가 좋아하는 조선 옷을 입었고, 온돌에서 살았다. 식사는 물론 가족과 함께했다. 우리 집은 모두 조선 음식을 좋아했는데 매일 먹을 수 있었던 것은 매우 감사한 일이었다. 웬일인지 나는 마을 사람들에게 귀여움을 받았다. 일이 생기면 나를 초청해 주었다. 일본인에게는 없는 연대적인 따뜻한 마음을 느꼈다.

조선인은 서사시를 쓸 수 있지만, 일본인은 잘 못쓴다고 들었다. 일본인은 사소설(私小說)을 쓰고, 조선인은 자신에 대해 쓴다고 해도 사소설은 아니라고 생각했다. 이것은 좋다나쁘다의 문제가 아니라 국민성인 것이다.

조선총독부의 방침으로 조선인은 아무리 우수하고 근면한 사람이라도 교장이 될 수 없었다. 월급도 일본인에게는 60%의 보너스가 있었고 주거 수당도 있어 본봉의 배 이상이 되었는데, 조선인 교원은 본봉 뿐이었다.

요전에 시부야(渋谷)의 근로회관에서 '삼천리 강좌, 조선과 문학을 말한다'가 이틀간에 걸쳐 열렸다. 나도 이 강좌에 참가했다. 첫날에는 고토 메이세이(後藤明生)선생님이 『아사히 신문』(5월 28일 조간)에 실린 광주 사건 학생들이 묶여가는 사진에 대해 언급했다. 나도 그 사진을 보고 쇼크를 받아 그것을 오려서 보관하고 있었다. 수년 전 서울의 헌병대에서 이것과 동일한 광경을 본 적이 있다. 뭐라 표현할 수 없는 잔혹히고 짓눌리는 듯한 마음이 되살아났다.

인간이 인간에게 상처를 주는 잔인함은 고래(古來)로부터 지금까지 이어지고 있는데, 이것은 인간이 이 세상에 존재하는 한 사라지지는 않을 것 같다. 권력을 가진 쪽이 그것을 갖지 못한 사람들을 괴롭힌다. 입장이 바뀌면 언제든지 어느 나라이던지, 마찬가지 행위를 한다. 정신적으로 인간이 발전되어가는 것을 바라지 않는 것일까.

가교
곱창을 먹는 것
[架橋] もつを食うこと

이리베 고지로는 출판사 직원이다. 본 글에서는 소년기를 보내
면서 만난 김 씨와의 식사 경험을 통해, 음식 문화에 대한 편견을
이야기 하고 있다. 호르몬 요리에 대한 개인적 경험을 이야기 하면
서 '요리문화'에 대한 고정관념을 깨우치게 되는 경위를 기술한다.

사무실에서 바쁜 일상에 쫓기는 샐러리맨, 특히 나처럼 소와(昭
和) 한 자리 세대는 점심을 기대하는 우아한 타입은 적을 것이다.
뭔가 먹지 않으면 몸이 버티지 못할 것이라는 의무 관념이 있어
사람들을 따라가서 먹는 경우가 많다. 지극히 주체성이 결여된 점
심 식사를 하는 생활을 보냈다.

전시기와 전후 혼란기를 나고야(名古屋)에서 소년기를 보낸 나
는, 말 그대로 한참 잘 먹어야할 때에 전쟁 상황이 악화되고, 식량
사정은 나날이 핍박해져 나에게 '식사'라는 것은 우선 배를 채우는
것을 찾을 수 있느냐 없느냐가 선결과제였다. 나에게 '실컷 먹었다'
라는 것은 이루어질 수 없는 꿈이었고, 맛을 음미하며 먹는다는
것은 그 다음 일이었다.

이러한 기아체험을 거쳐 언제든지 모든 것을 먹을 수 있게 된
지금, 오늘은 점심으로 '이것을 먹고 싶다'라고 하는 의미에서의
'식사'에 대한 적극성을 잃게 되었다라는 것이 설명되는데, 이 체
험은 지금도 잠재되어 나의 식생활을 규정하고 있다. 때로는 다

페이지
18-21

필자
이리베 고지로
(入部皓次郎, 미상)

키워드
식생활, 조선요리,
곱창, 야키니쿠,
호루몬

해제자
전성곤

른 사람 눈에는 기이하게 비추어질 정도이지만 나에게는 현재화 되었다.

'풍부함'을 갖춘 나라 일본의 수도 도쿄에서는 세계 각국의 요리를 접할 수 있게 되었다. 요즘은 '외식산업'이 제조업을 능가하여 새롭게 성장한 신산업의 하나가 되어 세계 여러 나라의 요리나 분위기를 판매전략으로 하는 레스토랑이 번화가를 채우고 있다. 때로는 그러한 가게에 가볼 기회도 있기는 하지만, 그래도 어딘가 어색함이 느껴진다.

그렇지만 중국요리나 조선요리 가게는 비교적 안심할 수 있는데 이들 가게가 이국(異國) 일본에서 살아온 혹은 살지 않으면 안 되었던 그 나라 사람들의 생활 냄새를 배경에 두고 경영하기 때문일 것이다. 그러나 여기까지 생각을 했었던 나였지만 '일본의 조선요리'에 담겨진 역사성까지 눈을 뜨게 한 것은 최근의 일이다.

일본의 전통적 식문화 속에서 소나 말고기를 먹기 시작한 것은 메이지(明治) 이후인 듯한데, 소나 돼지고기의 '곱창'을 먹는 습관이 확대된 것은 '조선 야키니쿠(燒肉)'와 연관이 있었다. 나 자신은 곱창을 좋아하는 일본인 중 한 사람이라고 자인하고 있는데, 이는 젊었을 때의 경험이 얽혀있다. 내가 오사카에서 학생 생활을 보낸 것은 일본 경제가 조선전쟁이라는 이웃 나라의 불행을 지렛대로 삼아 활력을 되찾던 시기로, 가난하면서도 부모님으로부터 용돈을 받던 나는 그래도 나은 편이었다. 그럼에도 불구하고, 기억나는 것은 언제나 배가 고팠고, 아르바이트해서 번 용돈도 먹는 것으로 다 소비했다.

그러던 시기 동료들과 자주 간 곳은 우메다(梅田)역 부근에 가게들 일각에 있던 '호르몬 요리점'이었다. 당시 곱창을 먹어본 적이 없던 나를 이곳에 안내한 것은 김 씨로, 싼 값에 먹을 수 있다라든가 돼지고기 내장을 먹는 습관이 있는 것인가라는 생각을 할 틈도 없이, 그곳이 '외국 요리' 가게라고 하는 의식도 없이 단순하게 '조선인은 곱창을 먹는다'라는 고정관념을 '갖게 되었다'.

그런데 내가 갖고 있었던 이 고정관념은 수년 전 일 때문에 알게 된 한 조선인과의 교류 속에서 깨지게 된다. 조선인 R씨로부터 들은 이야기는 '호르몬 요리는 일본의 조선요리'설이었다. 조선인에게 원래는 호르몬을 구워 먹는 습관은 없었다고 한다. 전쟁 시기와 전후 재일조선인이, 자신들이 처한 극한 생활 속에서 할 수 없이 도축장에서 폐기처분 되어야 할, 일본인이 먹지 않는 내장을 받아서 먹게 되었다고 한다. 호르몬 요리의 기원이라는 설명이다.

학생 시절은 먹기만 할 수 있다는 것이 전부로서 '음식'의 배경에 대해 충분하게 생각할 여유가 없었던 것이 변명이라면 변명인데, R씨의 이야기에 충격과 함께 '음식'에 감춰진 역사성에 다시 한 번 자각을 갖게 되었다.

조선 – 단편적 만남
[架橋] 朝鮮一切れ切れの出会い

아키야마 슌은 문예평론가이다. 도쿄부(東京府) 출신으로 구제(旧制) 제2와세다고등학원(第二早稲田高等学院)을 거쳐 신제(新制) 와세다대학 제일문학부로 진학했고 불문과를 졸업했다. 평론으로 『내부 인간(內部の人間)』, 『상상하는 자유(想像する自由)』등을 발표했다. 도쿄농공대학(東京農工大学) 교수, 무사시노여자대학(武蔵野女子大学) 교수를 역임했다. 이 글은 이름을 둘러싼 해석과 의식의 자각성에 대해 논하고 있다.

내 이름 '슌(駿)'은, 실제는 '스스무'라고 읽는다. 그러나 초등학교 때부터 지금과 같은 슌이라고 불려왔다. 밖에서 그렇게 불리게 되어 결국 집안에서도 형들도 나를 그렇게 부르게 되었다. 내 이름을 전부 음으로 읽으면 '추산슌'이 된다. 그것은 조선인이나 중국인 인명을 전부 일본어로 읽는 것과 매우 유사하다. 그러나 그때 내가 조선인에 대해 특별하게 무엇인가를 느끼고, 새롭게 의식했다는 것이 아니다. 패전 때까지 조선이라는 것에 대해 내가 의식한 것은 아무것도 없었다.

실은 문장을 작성할 때 작가나 평론가, 편집부의 요청이라고 하며 문장의 첫머리를 시작하는 사람이 있는데, 나는 그러한 사람을 싫어했다. 변호라고 한다면 비겁한 것이고, 레토릭이라고 한다면 하등한 것이라고 보았기 때문이다. 그런데 지금 나는 같은 흉

페이지
21-23

필자
아키야마 슌
(秋山駿, 1930-2013)

키워드
인명, 집착,
고마쓰가와, 김달수,
윤여길

해제자
전성곤

내를 내고자 한다. 이 『계간삼천리』로부터 글을 써달라고 요청을 받았을 때 제일 먼저 생각난 것은, 나 같은 사람은 글을 써서는 안 된다고 생각했다. 왜냐하면 나는 조선에 대해 아무것도 알지 못했기 때문이다.

이것이 첫 경험이다. 다시 말해서 내 내부에 '집착'이 생겨났다. 그 집착을 통해 나는 자신이 의식 하에 계속 잠자게 해 오던 것, 조선에 대해서는 아니지만 조선에 대한 자신의 무지(無知)에 대한 집착에 눈을 뜨게 된 것이다. 그 집착 속에 재일조선인이 상징하듯이 조선에 대한 일본인의 역사가 잠재해 있었다.

물론 나는 조선과 마찬가지로 중국, 프랑스, 아메리카에 대해서도 무지하다. 극단적으로 말하면 일본 내의 동북지방, 관서지방에 대해서도 무지하다. 따라서 그것들에 대해서 언급하며 글을 써 본 적이 없다. 그렇지만 조선에 대해서만은 지금 글을 쓰고 있다. 그것이 나의 집착인 것이다. 그럼에도 불구하고 조선에 대한 나의 무지는 계속된다.

그 후 나에게 잠들어있던 의식을 흔든 것은 고마쓰가와(小松川) 여고생 살인 사건과 김희로 사건 등 재일조선인에 의한 범죄사건이다. 나는 이 범행에 의해 살해된 사람들 즉 피해자들을 생각하면 마음이 아프지만, 그럼에도 불구하고 그 범죄는 필요한 사건이었다고 생각한다. 그 범죄는 일어나지 않으면 안 되었던 것이었다. 범죄만큼 한 사람의 인간이 현실을 살 때 갖는 생존의 조건을 날카롭게 조사(照射)해주는 것은 없다. 사람을 구제하는 것이 아니라 인간을 살해하는 범죄 행위로 폭주하는 것에는 그들에게 비참한 삶의 의식밖에 수지 못한 전후 일본 사회의 생존 소선이라는 것이 존재했다고 생각한다.

최근 김달수 씨의 『쓰시마까지(対馬まで)』와 윤여길(尹與吉) 씨의 『장마(長雨)』(강순〈姜舜〉 번역)를 읽은 것은 커다란 행운이었다. 그것은 일본인이라던가 조선인이라는, 그런 것을 말할 필요

가 없는 것이라는 점을 다시 느끼게 할 정도로 충실함이 있어, 날카로우면서도 재미있는 글이었다. 현실 속의 인간, 혹은 현재적인 생존 조건을 그려내고자 깊게 한발 더 들어가 진실이라는 것을 유모어를 넣으면서 그려냈다. 그것은 우리들 옆에 존재하는 한 사람의 인간 문학이기도 하며, 작가의 가능성을 건 현실 탐구이기도 했다. 우수한 문학은 내부에 조용하지만 진정성을 느끼게 하는 힘을 갖고 있다. 그 힘이 나에게 무지함과 집착을 잊게 하고 나를 진솔한 한 사람의 독자로 돌아가게 했다. 나는 그것을 읽으면서 아무것도 생각하지 않았다. 단지 자연스러운 한 독자로서 작가에게 이끌려가면서 주인공과 함께 소설 속을 거니는 것이 즐거웠다.

남북조선의 통일과 민주주의
南北朝鮮の統一と民主主義

오구리 게이타로는 1964년 아사히신문사(朝日新聞社)에 입사했다. 이후 서울특파원으로 근무하고 논설위원을 역임했다. 그 후 정치부 부장, 상무위원 중역·총무노무 담당을 지냈고, 2001년에 퇴사했다. 저서로는 『21세기 신문기자상(新聞記者像)』이 있다. 이 글은 일본 식민지로부터 해방된지 36년이 지난 시점에 조선반도의 통일에 대한 문제점을 이데올로기의 문제 해방과 연결하여 기술하고 있다.

'일제 36년'이라고 말한다. 일본의 조선식민지 지배는 36년으로 종료되었다. 그 해방으로부터 이미 동일한 세월이 조선반도에서는 흘렀다. 그렇지만 민족분단의 비극은 계속되고 있다. 일제로부터의 해방은 독립지사들의 운동과 저항의 투쟁이 그 나름대로 역할을 다했지만, 결정적인 역할은 미소 양 대국의 군사력에 의해 달성된 것이다. 식민지지배로부터의 해방이 분단의 시작으로 연결된 원인은, 바로 이곳에 있다. 분단으로부터의 해방, 즉 통일은 어떤 힘에 의해 이루어질 수 있을까.

80년에 들어서서 재개의 움직임을 보인 남북조선의 '대화'는 일찌감치 정체 분위기다. 일반인들의 관심은 판문점에서의 '남북예비회담'이 아니라 광주사태 등 한국 국내 정치 특히 민주화 투쟁의 행방에 초점이 옮겨가고 있다. 북조선 측은 남북대화 혹은 통일의

페이지
33-43

필자
오구리 게이타로
(小栗敬太郎,
1941·미상)

키워드
일제36년, 해방 36년,
조선문제, 동서대립,
독립주권국가

해제자
전성곤

전제조건은 '남조선의 민주화'라고 계속해서 흘러나온다. 이 주장이 맞고 틀리다는 것은 일단 제쳐두고, 완전한 외국 국가끼리의 외교 관계와는 달리 하나의 민족이 분단되어있는 남북조선의 관계는, 외교(대화 혹은 통일)와 내정(민주화)이 긴밀하게 상호작용하는 구조라는 것을 놓쳐서는 안 된다.

조선 문제는 ①대국 간의 세계전략상의 파워 폴리틱스, ②남북 쌍방의 정치권력끼리의 주도권 쟁탈, ③그리고 남북 각각의 체제 내부에서의 정치권력과 민중의 관계라는 세 차원이 중첩적, 다원적으로 얽혀있다. 역사적으로 본다면, 남북분단은 조선반도 내부적 필연성은 전혀 관계없이 미국과 소련의 양 대국의 동서대립의 산물이라는 것은 말 할 필요도 없다.

지금은 고전적인 동서 냉전 이데올로기 대립의 도식은 미국과 소련의 핵 균형, 중국과 소련의 대립, 그리고 미국과 중국, 일본의 대 소련 축 형성에 의해, 과거의 일이 되었다. 그 결과 남북조선이 현재도 대립을 이어가고 있는데, 통일에의 전도를 내다볼 수 없는 최대의 이유는 민족 내부의 사정에서 찾을 수밖에 없게 되었다. 그럼에도 불구하고 남북분단이 동서 이데올로기 대립의 부산물로서 시작되었다는 역사의 각인은 20수년이 지난 현재도 조선문제를 다루는 방식에 독특한 '뒤틀림'을 남기고 있으며, 그것이 내정(민주화), 외교(대화나 통일) 문제에 특수한 곤란함을 따라붙게 하고 있다. 결론을 미리 구체적으로 이야기한다면 그 뒤틀림의 곤란함은 다음과 같은 것이다.

1945년에 일본의 식민지 지배로부터 해방된 조선(아직 남북으로 분단되지 않았다)은, 개발도상국이었고, 최대의 과제는 민족국가의 형성이었을 것이다. 여기서 민족국가 형성이라는 것은 대의명분론으로서의 '독립주권국가'의 간판을 내거는 것에 만족하는 것이 아니라 ①대국 의존의 사대주의나 '지방할거주의'를 극복하고, 충성심과 에너지를 민족을 단위로 국가에 집중한다. ②민족 경제를 성립시키기 위한 인재, 기술, 자본을 육성한다는 실질적인 기반형성에 전력을 기울이는 것을 의미한다.

그러나 현실은 조선은 남북으로 분단되었고, 미소의 동서 이데올로기 대립의 첨병 역할을 맡게 했다. 그 때문에 개발도상국으로서의 공통성보다도 이데올로기 대립 측면이 과대평가 된 사회체질이 되어 버렸다. 북조선(공화국)은 소련형 국가를 이상으로 하고 남한은 미국을 이상으로 삼았다. 이때 북쪽이 취한 소련형 공산주의 이데올로기는, 원래가 후진국형 경제사회개발 이론의 한 변종이었기 때문에 발전도상국으로서의 공화국에 이 단계에서는 비교적 잘 적합했다(그 후 다른 곤란함이 생기지만, 여기에서는 다루지 않는다). 그런데 한국에 진주한 미군은 발전도상국의 개발이론도 이데올로기도 갖지 못했다. 미국이 한국에 가져온 것은 '잉여농산물' 원조와 '자유와 민주주의' 이데올로기뿐이었다. 둘 다 미국식 선의(善意)였지만, 전자는 한국 경제 자립화의 기반인 농업발전의 계기를 빼앗고, 후자는 민족국가 형성에 우선 필요불가결한 정치적 리더십을 존중하는 기풍보다도 권력을 체크하는 것을 존중하는 정치풍토를 만들었다.

조선의 통일, 민주화에 대한 논술은 일본에도 많다. 그렇지만 필자의 깊지 않은 조선체험이지만, 정치를 뺀 이상론, 이데올로기로서의 민주화론을 들어야 하는 안타까움을 금할 수 없다. 분단과 특수성을 가진 토양을 말하지 않고, 보편적 가치로서의 통일, 민주주의가 홀로 걷고 있는 것이 아닌가.

나에게 있어 조선·일본

영원한 테마·조선

私にとっての朝鮮·日本：永遠のテーマ·朝鮮

빈나카 시게미치는 일본의 식민지시기 조선 대전부(大田府)에서 『중선일보(中鮮日報)』 편집장인 빈나카 다마타로(備仲玉太郎)의 장남으로 태어났다. 이후 조선에서 살다가 패전으로 귀국한다. 야마나시현립(山梨県立) 고후(甲府) 제일고등학교를 졸업하고,『야마나시시사신문(山梨時事新聞)』에 입사하여 기자 생활을 지낸다. 이후 『월간신야마나시(月刊新山梨)』를 창간하고 편집 발행인이 된다. 2007년까지 고려미술관(高麗美術館)(교토)의 관보에 고려미술에 관한 에세이를 연재했다. 이 글은 재일한국·조선인에 대한 현황과 차별에 대해 논의한다.

1941년 3월 21일, 조선 충청남도 대전부(大田府) 어용일본지 신문 중선일보사(中朝日報社)의 2층에서 편집위원원의 장남으로 태어났고, 일본제국주의의 내일을 지탱해 갈 한 사람이 되라고 '신도(臣道)'라고 이름을 지어 주었다. 이것이 내가 불가피하게 조선을 테마로 하게 되고, 또한 이 이름 탓에 아버지가 돌아가실 때까지 용서할 수 없었던 이유였다.

일본은 아메리카의 압도적인 군사력 앞에 패했고, 1910년 조선을 병합한 이래 조선반도에 그렸던 일본의 지배자들의 꿈도 사라진 것을 알게 된 것은 그로부터 20년이 지나고 나서였다.

이것과 함께 정의를 위한 것이라고 하는 것은 물론 아니고, 당시

페이지
114-116

필자
빈나카 시게미치
(備仲臣道, 1941~현재)

키워드
일본자본주의, 아리랑,
조선인민, 군대

해제자
전성곤

일본의 지도부가 야만이었기 때문에 벌어진 것도 아닌 그 전쟁은 일본자본주의 구상이 필연적으로 야기한 것이라고 하는 것을 나에게 가르쳐준 것은 몇 명의 대학생 그룹이었다. 그 당시 24살이었던 나는 지방신문 기자였는데, 학교투쟁을 취재하러 갔었다. 일본정치 무대에는 한일조약이 제1급 과제로 부상되었다. 그 반대투쟁을 나는 그들과 함께 싸웠고, 당시 내 스스로의 테마로서 조선을 빼놓을 수 없다는 것을 알게 되었다.

아리랑에 대한 추억이다. 어머니가 조선에 있었을 때 외웠던 아리랑 조선어 가사를 배웠던 나는 동료들과의 모임에서는 그것을 노래했었다. 내 스스로는 적지 않은 혁명적 기분을 느꼈던 것을 기억하고 있다.

일본이 조선을 병합한 이래 아리랑이 옛 과거에 부르던 것과 달리 여러 개의 가사가 만들어졌다고 한다. 그 중 하나가 '내가 외운 아리랑'이었던 것이다. 아리랑 노래에 숨어있는 조선인민의 저항정신, 죽음과 패배를 극복하고 앞으로 나아가는 불굴의 혼, 말하자면 일본제국주의에 독 이빨을 빼어 만든 노래 중 하나였던 것이다.

이것을 알게 된 이후 나는, 애써 외운 조선어 아리랑 노래를 부르는 것을 그만두었는데, 그 때 나는 등에 땀이 날 정도로 부끄러웠다. 아버지를 용서하지 않았다고 앞에서 적었었다. 그렇지만 아버지와는 자주 술을 마셨었다. 아버지를 용서하지 못하는 것과는 별개였다고 생각했기 때문이다. 군대를 갔던 경험을 가진 사람이 즐겁게 그것을 이야기하면서 술을 마시는 경우는 있어도, 술에 취해 그들이 말하는 전시 중의 이야기에 감춰진 범죄성을 나는 용서하지는 않는다. 전쟁의 죄악을 논하지 않고 그냥 옛날을 그리워하는 것이 가진 위험에 그들은 눈뜨지 못한다. 아버지를 용서하지 않은 것도 이와 같은 의미였다.

36년의 부식腐蝕

私にとっての朝鮮·日本：三十六年の「腐蝕」

미즈사와 야나는 평론가이다. '재일조선인 2세의 생활과 의견' 이라는 주제로 이야기를 나눈다.

나는 다른 나라에 대한 지식이 없으면 있는 그대로 알지 못한다고 솔직하게 말하는 성격인데, 조선에 관해서만은 뭐라 말할 수가 없다. 그것은 '모른다'라거나 '생각하지 못했다'라고 말하는 것으로 정리될 것이 아니기 때문이다.

조선과 일본의 관계 속에서 뒤틀린 양국 인민끼리의 상처는 지금도 아물지 않았고, 게다가 지금은 2세, 3세 문제라던가, 시민권 문제 등등 새로운 문제가 생겨나고 있다. 나는 여기서 그러한 사회 문제에 대해 논하려고 하는 것은 아니다. 내 개인적인 일을 말하고자 한다.

내가 오늘을 살아갈 때 일본인 나에게 있어서 조선, 또는 조선인은 고대로부터의 관계를 포함해 역사적, 구체적인 관계 속에서 생겨난 것 그것의 투영이 나의 일부인데, 그곳에 뭔가 안타까움이나 상처 부스럼이 있는 것을 느낀다.

김달수 씨가 '귀화인'이라는 말에 대해 그의 소설 『비망록』에서 '오늘날까지 뿌리 깊은 것이 있는 일본인 일반의 조선 및 조선인에 대한 편견, 멸시의 근원이 되었을 뿐만 아니라, 일본인은 그것에 의해 자기를 부식하고 있다'고 말하고 있다. 다시 말해서 근대 한일

페이지
116-118

필자
미즈사와 야나
(水沢耶奈, 미상)

키워드
시민권, 귀화인,
서구 식민지화,
야마기 무네요시

해제자
전성곤

관계가 만들어 낸 그 부식이 일본인에게 있다. 그 부식을 떼어내고 씻어내지 않으면 건전한 자신의 존재를 되찾을 수 없다는 것이다. 그렇게 생각하는 작업이 『계간삼천리』가 나를 끌어당긴다. 사실 이를 통해 자신 내부 깊은 곳의 문이 열린다고 말할까 전혀 다른 세상을 보게 되었다. 즉 조선을 매개로 일본을 본다는 것, 조선인을 매개로 일본인을-그리고 자신을 보는 것은 지금까지 보이지 않았던 새로운 세계의 발견이 있었다.

나에게 있어서 이상한 것은 '병합' 당시 그 정치적 의도가 가진 범죄성을 왜 일본인들 내부에서는 비판이나 고발이 이루어지지 않았을까라는 점이다. 서구열강이 아시아의 식민지화에 광분하고 있던 당시 세계적 상황 속에서 서구 식민지화를 탈피한 일본이 이번에는 서구를 모방하여 필사적으로 침략적 식민지정책을 취하는 것이 일본이 살아남는 길, 그 번영이라고만 생각하고 있었던 것일까. 지배 권력이 그 방향으로 질주하는 것은 제쳐두고라도 일본 민족이 권력 측과 함께 일체화가 되었다는 것은 단순하게 역사적 조건이었다고 말하기에는 일본인으로서 참을 수가 없다.

한일 간의 문제를 푸는 것은, 조선의 자주 독립 밖에 없다는 것에 논리적으로 다다르게 되는데, 내선일체의 틀을 넘지 못하고 정치적인 원점에는 눈을 감는다. 이진희 씨가 야마기 무네요시(柳宗悅)를 '대정(大正) 데모크라시의 미숙이라는 역사적 조건'이라고 동정심 깊은 이해를 보여주고 있는데, 일본인 입장에서는 그것도 오늘날의 시점에서 겨우 말할 수 있는 것으로, 일본의 근대화 과정 속의 일본제국주의에 의한, 말하자면 민족 부식의 깊이를 알려주는 것이라고 생각한다.

전후가 되면 조선 유린이나 조선 무시가 이번에는 그 범죄에 대해 속죄의식의 콤플렉스가 되어 조선에 관여하지 않는 형태로 나타난다. 그것은 안 되는 말이다. 그 죄는 사라지지 않는다. 그것을 등에 업고서 역시 관여해 가지 않으면 진정한 교류가 될 수 없다고 생각한다.

나에게 있어 조선·일본
어느 르포를 보고
私にとっての朝鮮·日本 : あるルポルタージュを見て

페이지
118-120

필자
오쿠무라 가즈히로
(奧村和弘, 미상)

키워드
중부일본방송,
홍난파, 엔카, 김충선,
고니시 유키나가,
양국 역사

해제자
전성곤

오쿠무라 가즈히로는, 자유업에 종사하고 있다. 이 글은 일본에서 방영된 조선 르포를 보고 느낀 소감을 기술하고 있다. 엔카와 뽕짝의 관계나 조선에 항복한 일본인 장수와 그의 후손에 대한 내용이다.

지난번 2월 9일과 16일 두 번에 걸쳐 중부일본방송(CBC) 개국 30주면 특별프로그램으로 '봉선화가 필 때'와 '4천명의 김 씨들·일본 무장의 후예들'이 방송되었다. 한국에 직접 카메라를 들고 촬영한 이 르포는, 매우 볼만한 프로그램이었다. '봉선화가 필 때'는 조선 가요 루트를 찾는다는 매우 어려운 내용의 르포였고, 가요 업계에 종사하는 나로서는 감격하지 않을 수 없었다.

일본에서는 거의 익숙하지 않은 봉선화 꽃이 무궁화 꽃과 함께 조선인이 가장 친근함을 갖고 있는 꽃이라는 것을 들었다. '일제 36년'에 이르는 고통이나 슬픔을 길가에 피는 작은 봉선화에 위탁하여 그 고난을 극복해 왔다. 그 봉선화에 끝없는 애정을 노래한 것이 조선이 낳은 위대한 홍난파 씨 작곡의 '봉선화'였다. 이 노래는 조선인의 마음을 노래한 것으로 영원한 빛을 발하며 오늘날까지 이어지고 있다.

일본의 엔카의 원류가 조선에 있다는 설을 자주 듣는데 이에 관해 한국적 작곡가인 요시야 준(吉屋潤) 씨가, "나는 뭔가 잘못 생

각하고 있다고 생각한다. 엔카의 원류가 한국에 있다고 하는 것은, … 한국의 엔카라는 것은 일본 통치하의 부산물이며, 당시 동일한 것을 만들기도 하고, 강요된 유산인 것이다. 우연히 고가 마사오 (古賀政男) 선생이 한국에서 소년시절을 보냈고 선린상고를 졸업하고 메이지대학에 가서 '술은 눈물일까 한숨이랄까(酒は涙か溜 息か)'를 비롯해 갖가지 노래를 발표했다. 이것은 한국에 온 것이라고 생각 된 것이다. 누군가 한 사람이 그렇다고 하면 그것이 퍼져나가던 풍조는 어느 나라든지 있는 것이다"라고 설명했다. 요시야 준 씨의 설은 단순하게 엔카의 원류는 조선에 있다고 믿고 있었던 나에게는 큰 공부가 되었다.

조선에서 말하는 '뽕짝' 계통의 노래는 해방 후에도 '비 내리는 호남선', '눈물의 미아리고개', '가슴 아프게' 등은 밀리언셀러 (million seller)가 되었다. 작가 김달수 씨나 이회성 씨가 말하는 조선 가요의 존재인 것이다. 전전 OK레코드 제작에 종사하고 600 에 이르는 판을 갖고 있었던 마키노(牧野) 씨의 기억이다. 한국 최남단의 항구 도시 목포에 있는 이난영의 비(碑), 나는 흥분을 가라앉히지 못했다. 패트김, 이미자, 이성애 등등 한국을 대표하는 여성 가수들의 멜로디의 훌륭함, 아름다움에 나는 취했다.

16일 방송된 '4천명의 김 씨, 일본 무장의 후예들'은, 병사 3천명을 이끌고 활 한번 안 쏘고 조선군에 항복했다고 하는 사야가(沙也 可)를 시조로 하는 김충선의 후예들을 방문한 르포였다. 지금부터 38년 전 도요토미 히데요시(豊臣秀吉)의 조선 침략 선병으로 병사 3천명을 이끌던 가토 기요마사 혹은 고니시 유키나가(小西行長) 의 가신인 사야가가 부산에 상륙한 후 7일째 싸우지도 않고 조선군 에 투항하여, 산 속에 숨어 살았다. 그리고 그는 일본군과 싸웠고, 북에서 침입해 온 청나라 군대를 퇴치하는 등, 무훈을 세워 이 씨 왕조로부터 김충선이라는 이름을 하사받고, 72세의 생애를 마쳤다고 전해진다.

우리 일본인 입장에서 보면 한 무장이 도요토미 히데요시의 에고를 만족시키기 위한 무익한 전쟁에 대해 실증을 느끼고, 조선 유교에 감화된 사야가가 이국(異國)의 땅에서 천명을 다한 것이라는 쪽이 훨씬 로망적이고, 이야기로서 재밌기는 한데, TV에서 받은 인상은 뭔가 우록동(友鹿洞)의 김 씨 일족의 조상이 만들어낸 환상 같은 인상을 받았다.

그렇다고 하더라도 우리 일본인은 너무 이웃 나라를 알지 못한다. 나쁜 면을 강조하는 일본의 매스컴도 책임이 있다. 이러한 잘못된 것에 각성을 하고 한국의 모습을 카메라에 담아 양국 역사를 탐구한 중부일본방송에 대해 나는 한없는 경의를 표한다.

서클 소개
현대어학원·상록수 모임
[サークル紹介] 現代語学塾·常緑樹会

조선의 모습을 제대로 이해하고 파악하고자 여성들이 조직한 서클인 사랑방회를 만든 계기와 내용에 대해 소개한다.

심훈의 장편소설 『상록수』와의 만남은 4년 전 현대어학원 중급반 조선어 교재로서 가지무라 히데키 씨와 함께 읽을 때의 일이다. 반 정도 읽었을 때 수업이 중단되었는데, 학원이 비어있는 토요일을 이용하여 학습반을 만들어 지속적으로 읽었다.

3년에 걸쳐 다 읽었을 때 문고본으로 400페이지에 이르는 장편을 다 읽어냈다는 것 자체가 첫 경험이었고, 그것만으로도 만족했다. 그러나 이 작품 속에서 우리들이 얻은 것을 보다 많은 사람들과 공유하고 싶다는 생각이 강하게 남았다.

이 소설은, '농촌계몽운동' 중에 민족의 혼을 지키는 것을 관철하려는 조선의 젊은이들의 모습이 생생하게 그려져 있고, 1930년대 일본의 탄압이 더 심해지는 상황에서 합법적인 운동을 과소평가했던 우리들에게 강렬한 인상을 주었다.

목숨을 걸고 가난한 농민들과 함께 했던 젊은 주인공들은 우리들을 매료시켰고, 4년 이상이나 긴 시간을 이 작품에 관계하게 했던 것이다. 어떤 형태로든 남기고 싶다는 생각을 하면서도 이를 이행하지 못하고 있던 우리들에게 류케이쇼샤(龍渓書舍) 출판사의 호의에 의해 『월간 류케이(月刊龍渓)』에 연재할 기회를 얻게

페이지
123

필자
무기명

키워드
사랑방회,
심훈, 『상록수』,
농촌계몽운동,
『월간
류케이(月刊龍渓)』

해제자
전성곤

되었다. 얼른 중급반에서 함께 공부하던 사람들에게 연락하여 '상록수 모임'을 만들어 번역작업에 착수했다.

12명이 분담하여 시험 번역한 것을 갖고 검토회에서 논의를 거친 후 가지무라 씨가 수정하여 주었고, 이후 통일성을 갖춘 후 비로소 제대로 원고화 되었다. 정말 힘든 작업이었다. 12명이라는 인원수는 특히 문학작품을 공동으로 번역하는 것에는 너무 많은 사람들이었다. 문장 통일은 너무 어려웠다기보다는 불가능에 가까웠다. 그렇지만 그것을 보충하기 위해, 농촌을 잘 아는 사람은 농작업에 대해, 조선에 대한 이미지가 풍부한 사람은 그것을, 교정을 담당하는 사람은 말 통일을, 등등 각자 갖고 있는 능력을 서로 제공했다.

그리하여 연재 제1회가 작년 말에 나오게 되었다. 활자본이 된 것을 다시 읽어보니 불만족스러운 부분도 있지만, 멤버를 힘내게 한 것으로는 충분했다.

『월간 류케이(月刊龍渓)』는 연제 제4회가 나왔는데, 아쉽지만 휴간된다는 것에 우리들 연재도 종료되었다. 그러나 한 권으로 정리하기 위한 작업은 지속되고 있다. 『상록수』번역이 완성되면 '상록수 모임'은 해산할지 모르지만, 토요일의 자주적 학습반은 이후 더 많은 작품에 도전할 예정이다. 지금은 갑오농민전쟁 때의 농촌을 그린 이무영의 『농민』을 방언 때문에 고생스럽지만 읽고 있다. 구성원은 조선인과 일본인, 조선어를 배운 동기도 햇수도 따로따로지만, 조선에 대한 애착은 모두 강하다. 선생님도 없는 말 그대로 자주적 학습반인데, 함께 공부하고 싶은 사람은 언제든지 환영한다.

온돌방
おんどるばん

제7회 삼천리 강좌를 마치고 편집부·위량복(魏良福)

지난 5월 30일, 31일 양일간 동경 시부야(渋谷) 노동복지회관에서 제7회 삼천리 강좌 '조선과 문학을 말한다'를 개최했다. 공교롭게도 비가 내렸음에도 불구하고 많은 사람들이 참석하여 강좌는 열기가 넘쳤다.

종료시간 제약이 있어서 참석자 분들의 질문 시간을 충분하게 드리지를 못했는데, 회장을 옮긴 간담회에서는 많은 이야기를 할 시간이 주어져, 참석자들이 기뻐했다.

다수의 앙케이트를 전해주어서 감사하게 생각한다. 시간 배분 등 다음 기회의 강좌부터는 살려가고 싶다. 여러분의 의견 일부를 다음에 게재하고자 한다.

히구치 마사카즈(樋口雅一)·저널리스트·27살

'문학은 바로 인간학. 향후도 이것은 나의 일이다'라고 말한 김달수 씨에게 재일조선인 작가다운 모습을 보았다. 그러나 이것은 모든 작가의 사명일 것인데, 현재 일본문학에 그것을 느끼지 못하는 것을 왜일까. 개개의 작가는 각각의 문제의식을 품고 살고 있다고 생각하는데, 그중에서 재일조선인 작가에 의한 문학이 일본문학을 자극할 수 있는 중요한 부분의 지주가 되어 있다고 해도 과언

페이지
254-256

필자
독자

키워드
인간학, 일본문학, 김달수, 오다기리 히데오, 김석범, 저항 정신

해제자
전성곤

이 아니라고 생각한다.

오다기리 히데오 씨의 강연에서는 재일조선인 작가가 놓여져 있는 위치, 상황 등등 서책을 통해 알고는 있었는데, 강연이라는 형태로 들어보니 그 구성이 더 명확해 졌다. 문학자의 바람직한 모습에 대해서도 조선인 문학을 통해 말하고 있었는데, 깊은 감명을 받은 것은 말할 것도 없습니다. 그것을 더욱 상세하게 이야기를 한 것이 김석범 씨이다. 시간이 없어서 김석범 씨의 충분한 의견을 듣지 못한 것은 아쉬웠다. '재일 조선인 문학과 일본문학'이라는 테마는 지속해서 다음 테마로 다루기를 희망한다.

마쓰무라 도요코토(松村豊功)·교사

재일조선인문학과 일본문학과의 이질성(특히 민중 모습을 둘러싸고)을 구체적인 작품, 작가의 분석평가를 통해 논하기를 원했다. 특히 김석범 씨에게는 자기 작품의 모티브(『만덕유령기담(万徳幽霊奇譚)』의 만덕 상(像)이 어떻게 해서 만들어졌을까)등을 묻고 싶었다. 다음 강좌에는 근대일본문학이 조선을 어떻게 다루고 있는가, 나카니시 나 유아사의 작품을 다루어 주기를 희망한다.

유이 사이코(由井才子)·학생·23세

고토 메이세이, 오다기리 히데오 씨의 생생한 목소리를 듣고 생각보다 훨씬 좋았다. 오다기리 씨의 이야기에서는 재일조선인문학과 오다기리 씨의 관계, 평론가와 문학의 관계 등에 대해서 이해할 수 있었다. 『계간삼천리』22호에서 나카무라 데루코 씨가 '대도예(大道藝)라는 것'에 적은 조선 예능은 철저하게 '뒤집는' 극(劇)이었다라는 것을 더 알고 싶다. 조선 민중의 에네르기 원천이 숨겨져 있는 것 같은 생각이 든다.

전후는 아직 끝나지 않았다. 고치시(高知市)·니시무라 히로후미(西村博文)·단체 직원·50세

한국문제를 빼놓고 일본의 진정한 해방은 말할 수 없다. 이것은 말로는 쉽지만 피하고 있는 것이 현재의 일본의 혁신정당이며, 노동운동이 아닐까. 서글픈 일이 아닐 수 없다. 『일본독서신문』에 조선인이 연재된 것을 읽고 이를 더욱 강하게 느꼈다.

본지 21호 특집 '근대일본과 조선'에 수록된 논문을 읽고 각각 많은 것을 생각하게 해 주었다. 우리들 일본인의 전후는 아직 끝나지 않았다는 것을 절실하게 느꼈다.

민주주의를 모색하는 열의 하치오우지시(八王子市)·고바야시 사치오(小林幸雄)·노동자·37세

서점에서 『계간삼천리』 22호를 발견하고, 이 잡지가 가진 의의를 알지 못한 채 독자가 되었다. 특집 '4·19 20주년과 한국'은 우리들 세대를 포함한 무자각층도 끌어들지 않을 수 없는 중대한 문제이다. 특히 4·19의 증언 중에 선언문, 결의문은 학생들의 자유와 정의를 동반한 민주주의를 모색하는 열의와 자세에 가득 차 압도되었다. 또한 유서, 수기, 시에 보이는 진영숙 씨의 죽음을 초월한 투쟁 속애 한국 민중의 굴하지 않는 저항 정신을 통감했다. 본지가 오랜 호흡으로 갈 것을 진심으로 바란다.

편집을 마치고
編集を終えて

일본의 조선지배는 36년에 이르렀는데, 올해 조선은 8·15해방 36년을 맞이했다. 올해도 예년처럼 '종전(終戰) 특집'이 신문, 잡지를 장식하고 있는데, 전쟁 책임보다도 병기 수출이나 자위대 군사 강화에 의한 안전보장론이 성행하게 되었다. 그러나 이전의 일본군이 일본국민뿐만 아니라 아시아 제국의 깊은 상흔을 남기고 지금까지도 치유가 안 된 나라가 있다는 것을 지금 다시 한 번 생각해 보아야 할 것이다.

조선에서는 일본의 식민지지배에 이어 남북분단이 조선 전쟁을 가져오게 되고, 사상이나 신조를 위해 많은 사람들이 단죄되고 옥중에서 죽어갔다. 또한 수백만에 이르는 이산가족을 낳았고, 서로 간의 생사, 소재조차도 파악하지 못하는 상태가 지속되고 있다. 위정자들은 이산가족의 염원을 이루기 위한 문이라고 열어주어야 하지 않을까.

우리들은 식민지지배 36년과 그것에 이어 민족분단의 36년이 일본과 조선에게 있어서 무엇이었는가를 지금 다시 한 번 생각해 보기 위해 특집을 기획했는데, 이 문제는 이후 깊게 다루었으면 한다.

페이지
256

필자
이진희

키워드
종전(終戰), 전쟁 책임,
상흔, 치유, 36년

해제자
전성곤

1980년 겨울(11월) 24호

가교
조선인과 유대인

[架橋] 朝鮮人とユダヤ人

야마시타 하지메는 도쿄대학교수로서 독일문학 전공자이다. 저자는 이글에서 독일사회에 동화된 유대인과 일본사회에서 살고 있는 조선인의 공통점과 상이점에 관해 언급하며, 말로 다할 수 없는 고난과 역경을 이겨낸 특성이야말로 유대인과 조선인의 공통점이라고 소개하고 있다.

오랜 기간 독일문학을 번역해 왔지만, 되돌아보니 하이네, 카프카, 제거스를 비롯해 거의 독일계 유대인 시인과 작가를 다루어 온 것을 알게 되었다. 최근 나는 18세기 이후, 근대 독일사회에 동화된 유대인의 현대에 이르기까지의 내부 심층의 정신사적인 과정을 추구하는 것에 초점을 맞추고 있다. 그 흐름은 현대 세계문화의 대부분의 원류를 이루고 있다. 유대인들은 자신들의 근대화와 해방을 찾아 독일에 동화된 것이지만, 동시에 또한 군국주의 독일의 지배 하에서 결국 히틀러 나치의 반유대주의로 인해 대량학살의 운명을 맞이한다. 유대인에 대한 독일인의 책임은 조선인에 대한 일본인의 책임과 공통된 무게를 갖고 있고, 문학이나 사상 문제로서도 여러 공통된 조건이나 성격을 갖고 있다. 독일인과 유대인의 관계를 알아보는 것이 일본인과 조선인의 관계를 생각하는 경우에도 해결할 수 있는 열쇠와 조명을 어느 정도 제공할 수 있지 않을까, 또 그 반대의 경우도 충분히 생각할 수 있는 것은 아닐까, 라는

페이지
14-18

필자
야마시타 하지메
(山下 肇, 1920~2008)

키워드
유대인, 조선인,
변경, 주변, 경계인

해제자
김경옥

것이 항상 내 문제의식에 있다.

타민족으로의 동화, 차별, 박해, 거기에서 생기는 강렬한 보편성 지향과 뿌리 깊은 민족의식, 역사의식, 다중언어에서 연마된 언어 감각의 중층성과 다의성, 중앙권력에서 격절된 「주연(周緣)」, 「변경(邊境)」의 「경계인」의 지적 에너지, 이단과 비일상과 허망과 가교 매개의 예능문화적 존립구조, 「유대」 원리의 궁극에 있는 「포인(捕囚)」과 「탈출」에 통저하는 아이덴티티를 향한 「희망」의 근원적인 테마, 필설로 다할 수 없는 고난과 고투 가운데 생긴 특성이야말로 재일조선인이 유대인과 공유하는 강인한 골격이 아닐지. 그것은 배타적이고 독선적인 내셔널리즘도 아니고 뿌리 없는 풀뿌리 망명자의 허무주의도 아니다. 그들은 각각의 나라에서 그 주변이나 한쪽 구석에 공간을 구해 거기에서 생활하였다. 모두 사회 안에 있음과 동시에 타관 사람이었다. 모두 사회에 속해 있지만, 그 사회에서는 받아들여지지 않는다.

다만 유대인과 조선인 사이에서 커다란 상이점은 종교 문제일 것이다. 조선과 일본의 근대화는 불교·유교 문화를 공통 기반으로 하고 동시에 기독교를 수용하는 점에서는 공통되지 못하다. 불교와 유교 문화는 조선쪽이 일본의 대선배로서 훌륭한 전통을 갖고 있다. 여기에는 오랜 일조(日朝)교류의 우호적인 역사도 살아있다. 독일 유대인 정책도 히틀러 나치의 시대를 제외하면, 그 이전의 상관관계에서는 공생에 대한 긍지가 상당히 풍부하게 예상되는 상황이고, 「일한병합」 후 일본정부의 정책이 훨씬 가혹했던 것처럼 상상할 수 있다.

전후 30여 년의 역사는 이러한 제문제의 배치관계를 상당히 크게 바꿔가고 있다. 독일은 2개의 국가로 분열되었지만 양 국내의 유대인은 격감하고 대부분 사회적 문제로 하기에는 부족하지만 그만큼 독일 민중 안에 있는 반유대 감정의 고정관념은 여전히 불식되지 않았고 한편으로 유대인 측에서의 전쟁 중의 반유대 범죄에 대한 격한 고발은 지금도 계속되고 있다. 한편 조선은 2개로 나뉘었고, 유대인은 전후 팔레스타인에 「이스라엘공화국」을 건설했지만 시오니즘운동에서 출발한 이 건국은 일부 유대인을 조직한 것으로, 국내여론도 복잡하게 나뉘어 미소대립의 대리전쟁을 반복해 자기모순적인 전화(戰火)가 계속되고 있다.

가교
조선과 나의 회오
[架橋] 朝鮮と私の悔悟

하시카와 분소는 나가사키현 쓰시마 출신으로 일본의 정치학과 정치사상사 연구자이고 평론가이며, 메이지대학 정치경제학부 교수를 역임하였다. 그는 이 글에서 「북선군」과 「북조선군」에 관한 단어 선택으로 인한 실수를 소개하며, 그 이상의 실수가 현재 일본인에 의해 범해지고 있는 것은 조선문화를 찬양하면서도 경멸하는 이중성이 적용되고 있음을 지적하고 있다.

나는 전쟁 중의 히데요시(秀吉)의 조선 침략 때에 나오는 한 명의 일본인에게 관심이 있었다. 그것은 야스다 요쥬로(保田与重朗)의 『몽강(蒙疆)』에 나오는 강왜(降倭)로, 조선의 문헌에서는 『모하당문집(慕夏堂文集)』에도 나온다고 한다. 그러나 야스다는 단지 일종의 연민으로 사람에 관해 쓰고 있을 뿐, 이 인물에 대한 비평을 따로 하고 있지는 않지만, 그 후 이 일본인은 계속 내 관심 속에 남아 있다. 내 관심 중 또 하나는 역시 일본에서 보자면 조금 더 이전의 조선 유학자이다. 즉 이퇴계(李退溪, 1501~1570)가 일본에 끼친 막대한 영향이다. 또한, 나는 쓰시마(對馬)라고 하는 내가 태어난 곳이자, 조선에서도 가까운 토지에 관심이 있다. 지금도 그 땅에는 나의 숙부가 살고 있고 나는 그 땅을 몇 번이나 방문하였다. 그와 함께 떠오르는 것은 최 씨라는 사람의 호명에 관한 것이다. 최 씨는 재일한국인 목사로 「최(チォェ)」라고 바르게 호명되기를

페이지
18-22

필자
하시카와 분소
(橋川文三, 1922 1983)

키워드
관동대지진, 북선군,
북조선군, 조선문화,
이중성

해제자
김경옥

바라며 소송을 낸 적이 있다.

왜 내가 이런 것만을 적는가 하면 조선에 관한 나의 지식이 부족하다는 것을 알아주었으면 해서이다. 이런 부분에서도 알 수 있으리라 생각되지만, 나는 현재 일본정치사상사 전공으로 조선에는 그다지 관심이 없다. 나에게는 조선 출신의 일본인 친구가 몇 명 있다. 예를 들면, 나는 고마쓰 시게오(小松茂夫)를 알고 있는데 그는 어제 막 영면하였다(9월 12일). 그는 1939년에 제 1고등학교에 들어가서 반은 달랐지만 같은 학년이었고, 그 후 가쿠슈인(學習院)대학 교수(철학)가 되기까지 오랜 친교를 가졌다. 또 한 사람, K라는 고베제강소(神戸製鋼所)의 중역이 있다. 이 남자도 내가 경의를 표하는 인물인데 출생은 경성(현재의 서울)의 이름 있는 동네에서 살았다. 또 한 사람, 역시 간사이(關西) 오사카(大阪) 부근에 사는 Y도 친한 친구이다. 나처럼 그도 역시 고등학교 시절 문예부 위원이었다.

나는 재작년 아메리카에 가서 프린스턴대학에서 유학했다. 그 때 워싱턴에서 얀센(ジャンセン)교수와 히라카와 스케히로(平川祐弘)와 함께 일본문화를 논하였고, 나는 일본 근대사의 민족차별을 담당하였다. 거기서 관동대지진의 조선인 학살을 예로 들었지만, 동시에 일종의 두려움과 같은 것이 현재 일본인의 마음 깊은 곳에 잠재되어 있는 것처럼 생각되지 않을 수 없었다. 그것이 학살로서 일본인의 수치가 되는가 하고 생각하니, 반대로 오늘날과 같이 「일한우호」,「일조우호」로서 일본인의 영예가 되는 것이다. 나는 예전에 나치 독일의 정신사가, 일본근대사의 민족차별의 역사와 거의 똑같다고 쓴 적이 있지만, 그 근본원인은 지금도 결코 변하지 않았다고 생각한다.

나는 이노우에 미쓰하루(井上光晴)의 걸작 『황폐한 여름(荒廃の夏)』의 해설에서, 다음과 같은 실수를 하였다. 본문은 다음과 같다. 「그는 정진정명(正眞正銘)의 북선군병사로 부산의 포로수용

64

소에서 탈주해 온 것이다. 그는 탄광에서 머리를 다친 반바보 행세를 했지만, 실제로는 북선군병사와 동지를 위해 약품을 나르는 일을 하고 있다.」 이 부분에서 오사카에 있는 조선인(한국인?)단체가 바로 이「북선군」에 대해 불만을 터뜨렸다. 나는 나의 부주의로 인한 잘못이었으므로 즉시「북조선군」으로 고쳤지만, 나는 1950년에 시작된 조선동란 중의 신문기사에서 받은 인상으로 인해「북선」「남선」이라는 호칭이 일반적이라고 생각하고 있었기 때문에 그런 방식대로 따라서 했을 뿐이다. 특히 1972년 7월 4일 남북공동성명이 있고, 나는「북선군」「남선군」이라는 호칭도 이미 무효가 되었다고 생각했기 때문에 이 역사적인 용어를 괄호를 쳐서 사용한다면 그런대로, 그 자체도 이미 불필요하다고 생각했던 것이 잘못이었던 것 같다.

이상은 내가 저지른 단 한 번의 실수이다. 그것도 원래 조선인민의 긍지라는 것에 민감한 나의 실수이다. 그리고 그 이상의 것도, 마찬가지로 일본인에 의해 범해지고 있다고 생각한다. 조선문화를 찬양하면서 그와 동시에 조선문화 자체를 바보처럼 여기고 있기 때문에 이중성이 여기에도 작용하고 있는 것은 아닐까. 나는 점점 겁쟁이가 될 수밖에 없다. 그리고 현재의 조선민주주의인민공화국과 대한민국이 통일되어, 일체가 될 날을 고대할 수 밖에 없다.

가교
민족차별과 싸우면서
[架橋] 民族差別と鬪いながら

이인하는 한국 경상북도 출신으로 1941년 도일(度日), 1952년 도쿄신학대학을 졸업하고, 캐나다 유학 후. 재일대한기독교회 가와사키교회(川崎敎会)의 목사를 역임하였다. 히타치제작소(日立製作所) 취직차별투쟁과 같은 민족차별철폐운동에도 관여하였다. 저자는 이 글에서 민족차별 문제가 일본인 문제라는 것을 언급하며, 동시에 재일동포 스스로가 일제가 쌓아놓은 식민지 사관에서 아직 탈피하지 못한 것은 아닌지 질문을 던지고 있다.

나의 재일력(在日歷) 40년에서 눈에 띄게 의미 있는 부분이 2개 있다. 1945년의 민족해방의 해와 일제 식민지 지배 36년에 필적하는 연륜을 쌓아온 올해이다. 전자는 당시의 동화정책에 둘러싸였던 나에게 있어서 어느 날 갑자기 다가온 느낌이었지만, 민족 주체의 자각을 서서히 깨우친 획기적인 때이기도 하였다. 후자는 그 연륜 탓이겠지만, 묘한 초조함과 함께 앞으로 어떻게 살아갈 것인지 새로운 각오를 해야 할 것처럼 생각되었다. 그것은 재일동포의 현실을 이미 타인의 탓으로만 돌려서는 끝낼 수 없는 때가 온 것을 의미한다.

전전·전후 70여 년을 거쳐 재일동포의 인구동태는 격하게 변하였고, 2세·3세, 더욱이 4세도 태어나 인구 표 피라미드의 저변의 두께와 폭은 그들이 점하고 있으며, 20%를 밑도는 1세는 겨우 그

페이지
22-25

필자
이인하
(李仁夏, 1925~)

키워드
민족차별,
일시동인(一視同仁),
식민지 사관,
민족적 주체

해제자
김경옥

정점부를 차지하고 있다. 일본의 조선지배 프로세스에서 만들어진 민족차별은 일본인의 의식구조에서 불식되지 않은 채, 전후로 계승되어 그것이 제도화됨으로써 더욱 심화되었다.

민족차별의 현실 속에서 살며 이 문제는 지극히 「일본인의 문제」라는 것을 안다. 아메리카의 인종문제가 흑인문제가 아니라 「백인 문제」로 여겨지는 것과 마찬가지다. 전전에 행해진, 천황의 적자(赤子)로 했던 일시동인(一視同仁) 동화정책도 민족지배의 한 형태인 것을 잊어서는 안 된다. 그리고 그것이 형태를 바꾸어 오늘날도 재일동포를 괴롭히며 인격 파괴가 그치지 않는다. 문제는 한층 더 심각하다. 이렇게 역연(歷然)한 민족차별이 있는데도 일본인 다수에게 이 문제가 보이지 않는 것이다.

민족차별이 일본인의 문제에 근거하기에 피억압자인 재일동포의 책임은 묻지 않아도 되는 걸까. 전후 36년을 맞이하여 새로운 시기에 생각되는 것은 민족차별이 지극히 재일동포 당사자의 문제이기도 하다는 점을 명기했으면 하기 때문이다. 재일동포 문제의 근원에 있는 것은 민족적 주체가 아직 확립되지 않은 채로 있다는 것은 아닐까. 재일동포는 광복절을 맞이하기까지 일제가 허구 위에 쌓아놓은 식민지사관과 그것이 준 가치의식으로부터 탈피하지 못한 채로 있는 것은 아닐까. 이러한 힘든 현실에 새로운 흐름이 1970년대부터 보이기 시작한다. 아니, 그것은 1960년대에 극심한 소용돌이를 일으킨다.

삼성당신서(三省堂新書) 『재일조선인 청년의 증언(在日朝鮮人青年の証言)』에 16번이나 취직을 시도했으나 떨어져 일본이름과 출생지를 본적이라고 속여서 합격하지만 발각되고 해고되어 단념하는 이야기가 실려 있다. 전전·전후 이러한 케이스는 얼마든지 있다. 취직차별은 재일동포에게 있어서 일상적 경험이다. 70년대에 일어난 민족차별과 싸운 모든 운동은 히타치에 대한 승리의 단초를 마련한 사회적 너울과 같은 것이다. 필자도 박 군을 지원하는 운동에서 재일동포 2세·3세의 고뇌와 인간의 자유를 획득하는 기쁨을 처음으로 맛본 것이다. 흥미로운 사실은 자기의 민족적 주체를 발견하는 재일동포의 자각은 동시에 일본인의 주체성에 대한 질문이 되는 것이다.

「기로에 선 재일조선인」이라는 말이 유행하고 있다. 확실히 그것을 실감하는 위기감 같은 것이 있다. 어떤 길을 선택하더라도, 시류에 떠밀리지 않고, 그것을 거스르면서, 재일동포의 민족적 주체를 확립하는 것이 선결이고, 동시에 급무이다. 그렇게 하는 것이야말로 조국의 민족통일만이 아니라, 「재일」에 의미를 더하는 것이 된다.

특집 : 지금 재일조선인은

전후 36년째의 재일조선인

[特集 : いま在日朝鮮人は] 戰後三十六年目の在日朝鮮人

강재언은 제주도 출신으로 조선근대사와 사상사를 연구한 역사가이다. 저자는 이 글에서 식민지 지배와 같은 연륜을 의미하는 전후 36년을 되돌아보며, 남북통일이 지연되고, 재일조선인 사이에서도 세대교체가 되면서 나타난 두드러진 현상으로서 조국과의 일체감이 옅어지며 「정주화」와 「귀화」경향이 많아진 것에 대해 지적하고 있다.

1. 재일조선인의 인구동태와 분포

재일조선인에게 「전후 36년」이라는 것은 특별한 울림을 가지고 있다. 그것은 조선에 대한 일본의 식민지 지배 36년과 같은 연륜을 의미하기 때문이다. 말할 필요도 없이 재일조선인은 36년간에 걸친 식민지 지배기에 형성되었다. 종전 = 해방과 동시에 재일조선인은 일시에 많은 사람이 귀국하였지만, 1947년 이래 점차로 귀국의 발길은 뜸해져 60만여 명이 잔류하는 결과가 되었다.

일본정부는 재일조선인 관리를 철저히 하기 위해 1955년 4월부터 외국인등록증에 사진 외에 지문날인을 의무화하였지만, 1958년 말 현재 재일조선인 수는 61만 1,085명, 외국인 총수 67만 6,983명의 90.3%를 점하였다. 본래 재일조선인의 형성사를 되돌아보면, 본국의 농민이 일본의 저변 노동자로 전화하는 과정을 거치고 있지만, 전전의 노동자 중에서도 대다수를 점하고 있던 탄광노동자가

페이지
26-37
필자
강재언
(姜在彦, 1926~2017)
키워드
정주화, 귀화,
세대교체, 남북통일,
주체성
해제자
김경옥

69

없어지고, 대도시와 공업지대 및 그 주변부에 인구가 집중하는 결과가 되었다. 말할 것도 없이 그 필두가 오사카(大阪)를 중심으로 한 긴키(近畿)지방이다.

2. 「정주화」경향과 「귀화」

재일조선인은 그 형성과정이 식민지지배 하에서 본국의 생활파탄과 강제연행으로 인한 것이었던 만큼 해방 후에 강한 귀국 지향을 갖고 있었던 것은 말할 필요도 없다. 민족차별과 불안정한 저변노동이 강요되어 온 일본 사회가 그들에게 있어서 결코 자유로운 세계가 아니었던 것은 두말할 나위 없을 것이다. 전후 36년간에 일본 출생 세대가 재일조선인의 중견층(거의 80%)을 차지하게 된 것과도 관련해 의식면에서 커다란 변화가 일어나고 있는 것은, 누구도 부정할 수 없는 현실이다. 그 두드러진 것 중 하나가 「정주화」 경향이 아닐지. 한편에서는 「협정영주」라고 하고, 다른 한편에서는 「재류권」이라고 하지만, 그 표현이야말로 달라서 결국 「정주화」로 이어진다. 되돌아보면, 종전 후의 외국인등록령(현재의 외국인등록법의 전신)에서는, 국적란에 모두 「조선」이라고 기재되었다. 1950년 2월부터 일본 법무당국의 방침이 희망자에게는 「한국」으로 다시 쓰는 것을 인정했지만, 그것이 오늘날 재일조선인총수 중 37~38만 명을 돌파한다는 사실을 앞두고 금석지감(今昔之感)을 금할 수가 없다. 또 한 가지 간과할 수 없는 것은 「귀화」경향일 것이다. 재일조선인의 귀화는 1952년 4월 28일 샌프란시스코 강화조약 발효로 일본국적을 상실했을 때, 귀화의 법적 전제조건이 만들어졌지만, 52년부터 78년까지의 27년 간 귀화자 수는 거의 9만3천 명이라고 한다.(김영달(金英達)『재일조선인의 귀화(在日朝鮮人の帰化)』 24쪽)

3. 세대교체가 의미하는 것

개개의 경우에 관해 말하자면, 조선 출신 세대 중에서도 민족적 입장을 떠나서 「귀화」의 길을 걷는 사람도 있는가 하면, 일본 출신 세대 중에서도 잃어버린 민족성을 회복하기 위해 악전고투하는 기특한 청년도 많다. 따라서 앞에서 언급한 세대 간의 특징짓기는 대량적 관찰에 의한 경향성을 서술한 것이다.

4. 「재일」과 남북통일

전후 36년간 이미 서술해 온 「정주화」와 「귀화」의 경향은 기본적으로는 조국의 남북통일의 지연, 그 중에서도 세대교체와 깊은 상관관계가 있는 것은 말할 필요도 없다. 즉, 「재일」의 장기화와 함께 필연의 결과로서 대량적 경향으로 조국과의 일체감이 점차 옅어져 왔다는 것이다. 그런데 과연 「귀화」의 길이 민족차별로부터 탈출할 수 있는 길일까? 나는 그 자세한 내실에 관해서는 잘 모르지만 들리는 바에 의하면 반드시 그런 것만은 아닌 것 같다.

최근 젊은 세대 중에서는 「재일」을 어떻게 살 것인지, 점차 논의가 고조되어 간다. 종래 「재일」이란 단지 일본에 재류하고 있다는 정도의 의미에서 오히려 조국과의 일체감이 강화되었다. 예전에 망국민족으로서의 비애를 온몸으로 느끼며 살아온 제 1세대들에게 있어서 조국은 모든 것이고, 무조건이었다. 그러나 이미 서술한 것처럼 그들의 의사와는 관계없이, 또 선택할 여지도 없이 태어나보니 일본이었다는 숙명을 짊어진 일본출생 세대가 이미 재일조선인의 중견층을 막 차지하게 된 것이 아니라 학령기의 자녀를 가진 부모가 되었다. 그들의 「재일」 논의는 내가 이해하는 바로는 「재일」조선인으로서, 일본사회에 어떻게 맞설지, 그리고 조국에 어떻게 맞설지, 라는 그 주체적 입장을 다시 묻는 것이다. 우리가 일본사회에서 주체적으로 계속 살기 위해서는 모든 대전제로서 잃어버렸다기보다는 빼앗긴 민족성을 회복하기 위한, 곤란하기는 하지만 부단한 노력을 계속해야만 할 것이다.

나에게 있어서 「재일」이란

아버지의 얼굴

[私にとって「在日」とは] 父の顔

손인일은 자영업자이다. 저자는 이 글에서 자신이 태어나고 자란 일본의 〈고향〉과 무거운 울림이 있는 〈조국〉에 대해 설명하고 있다. 〈조국〉과 가장 가까운 쓰시마를 여행하며 10살에 일본으로 건너온 아버지의 〈조국〉과 자신의 〈고향〉을 이어주는 것은 아버지의 얼굴이었음을 말하고 있다.

〈고향〉이라는 말에서 연상되는 이미지는 풍부하게 펼쳐진 시골의 풍경과 수려한 후지산의 모습이다. 내가 태어나고 자랐으며 현재도 생활하고 있는 곳은 도쿄에서 가까운 그다지 크지 않은 마을이다. 이제 논밭은 공장과 주택이 되었지만 20년 정도 전까지는 풍부한 자연으로 아름다운 토지였다. 대개, 사람은 과거를 미화하고 싶어 한다. 감상일지도 모른다. 눈앞에서 파괴된 〈고향〉을 보면 볼수록 〈고향〉이라는 단어가 갖는 이미지는 정화되어 혼자 나아간다. 어찌했든 나의 〈고향〉은 일본의 자연이고 그에 따른 영위이고 굳이 말하자면, 일본 그 자체라고 딱 잘라 말할 수 있을 것이다.

〈조국〉이라는 말은 무겁다. 시비(是非)를 넘어서 무거운 울림이 있다. 어떤 재일동포에게 있어서 〈조국〉은 반짝이는 희망일지도 모른다. 또한, 어떤 재일동포에게는 침을 뱉고 싶은 혐오의 대상일지도 모른다. 살아가는 활력이기도 하고 살 길을 막는 두꺼운 벽일 것이다. 나에게 〈조국〉은 현실 사회와의 관계 속에서만 말할 수

페이지
104-106

필자
손인일(孫仁一, 미상)

키워드
아버지, 조국,
고향, 쓰시마

해제자
김경옥

있는 존재이고 달콤한 감상으로는 결코 도망칠 수 없는 존재이다. 그래서 〈조국〉은 나에게는 무거운 것이다.

이번 여름 나는 대마도를 방문하였다. 이른 아침에 신칸센(新幹線)을 타고 후쿠오카(福岡)부터는 비행기로 건너갔다. 이즈하라(厳原)에 도착한 것은 오후 4시인가 5시였다. 하늘은 아직 밝아서 왠지 어안이 벙벙하였다. 그러나 당연하게도, 쓰시마(對馬)는 일본이었다. 섬의 간선도로 여기저기에서 본토와 똑같은 토목기계가 윙윙 소리를 내고 있었고, 기사카(木坂)의 가이진신사(海神神社)로 통하는 해안가 길에 점재(点在)하는 어촌의 얼마 안 되는 상점에도 물건이 넘쳐났다. 나는 지금의 대마도 사람에게도, 물건에도 조선의 잔영이 남아 있다고 멋대로 상상하고 있었던 것이다.

안타깝지만, 결국 〈조국〉은 바랄 수가 없었다. 계절도 무리였던 것 같다. 정오의 하늘은 파랗고 맑았지만, 여름 더위로 수증기가 피어나고 수평선이 흐려서 잘 보이지 않았다. 대마도에서는 히타카쓰(比田勝)와 하카다(博多)를 왕복하는 페리로 돌아왔다.

한밤중에 눈을 떠보니 극심한 구토감이 들었다. 비틀거리면서 화장실로 가서 토하였다. 계속되는 구토 속에서 나는 갑자기 아버지를 생각하였다. 올해 환갑을 맞이한 아버지는 10살이 채 되기 전에 할머니와 둘이서 현해탄을 건너서 온 것이다. 그 후 50년이라는 시간 동안 한 번도 조국에 돌아가지 않았다. 근면한 아버지였고, 작은 철공소를 경영하게 된 지금도 부지런하다.

선실의 어둑한 천정을 보면서, 내 머릿속을 멈출 수 없는 생각이 맴돌았다. 지금 나는 이런 식으로 생각해 본다. 그 막연한 저쪽의 〈조국〉과 나의 〈고향〉을 이어주고 있는 것은 아버지의 얼굴이 아닐까 하고 - .

아버지의 재일·나의 재일

[私にとって「在日」とは] 父の在日・私の在日

이경자는 회사원이다. 저자는 이 글에서 자신의 이름과 생일에 얽힌 얘기를 소개하며 어린 시절 아버지를 무책임하고 도움이 안 되는 사람이라고 인식했지만, 조선어(한국어)를 배우면서 조선에서 태어난 아버지와 일본에서 태어난 자신과의 사이의 낙차를 메울 수 있는 공통의 토양이 조선어라는 것을 깨닫고 아버지를 이해하게 된 것을 소개하고 있다.

나는 오랜 기간 아버지를 무책임해서 도움이 안 되는 사람이라고 생각했다. 왜냐면, 우선 내 이름이다. 아버지는 나에게 「경자(敬子)」라는 이름을 지어주셨다. 확실히 신고서에는 그렇게 적었다. 그런데 철이 들고 나서 나는 모두에게 「교코짱(キョウコちゃん)」이라고 불렸고 (물론 아버지에게서도) 나 자신의 이름은 「교코(京子)」라고 믿어왔다.

다음으로 생년월일이다. 소학교 입학 당시는 확실히 1951년 4월 22일 출생으로 되어 있었다고 기억한다. 그런데 중학교에 다닐 때에 시청의 신고서에는 5월 21일로 되어 있었기 때문에 어느 쪽이든 정해달라고 담임선생님이 말씀하셨다.

그 아버지도 올해 10월로 돌아가신 지 7년이 된다. 육친의 정이란 이상해서 시간이 지나면, 아버지 때문에 울었던 억울함도 그리움으로 변해버리는 것 같다. 약 2년 전부터 우리말을 배우기 시작했다.

페이지
106-108

필자
이경자(李敬子, 미상)

키워드
조선어, 조국, 일본,
토양, 조선인

해제자
김경옥

아버지가 살아있을 때 「조선인인 주제에 조선어 한 마디도 못하고 한심하다」고 말하면 「가르쳐준 적도 없는데 어느 날 갑자기 말할 수 있을 리가 없죠」하고 대답했지만, 아버지가 돌아가셨을 때, 「아버지」하고 그때까지 한 번도 불러본 적이 없었던 것이, 과연 가슴에 사무쳤다. 이것도 조선어를 공부하려고 생각한 원인의 하나이다.

왜 아버지의 생전에는 보이지 않았던 아버지의 삶을 지금은 알게 되었을까. 아무래도 원망이 그리움으로 바뀐 육친에 대한 정만은 아닌 것 같다. 그것은 내가 조선어를 배우게 되면서 아버지에게 익숙했던 가치관을 틀림없이 막연하지만 이해할 수 있게 되었기 때문일 것이다. 술 취하면 자기 자신을 잊어버리는 아버지였지만, 술이 좀 들어가면 「한산 이 씨가 얼마나 훌륭한지…」하고 꼭 말하셨다. 그것이 「한산 이가(韓山李家)」라는 것을 알게 된 것은 최근의 일이다. 지금도 귓속에서 아버지의 음성이 들려온다. 조선이라는 토양에서 자란 아버지와 일본이라는 토양에서 자란 나는 그만큼 커다란 낙차가 있었다. 낙차를 메울 수 있는 공통의 말을 갖고 있지 않았던 것이다. 아버지는 마지막까지 일본이라는 토양에는 뿌리를 내리지 못한 것 같다.

전날, 이삿짐 속에서 생각지도 못한 물건이 나왔다. 중학교·고등학교 시절의 오래된 일기장이다. 지금 다시 읽어보니 그 무렵부터 가장 심각한 문제는 역시 「자신이 조선인이다」는 것이었다. 조선어를 배우기 시작하고, 나의 삶이 낙관적으로 보여짐에 따라 나의 발상법도 바뀌기 시작했다. 「어째서 난 조선인인 것일까」라는 의문에서 출발하는 것이 아니라, 「나는 조선인이다」라는 사실에서 출발해야 한다는 것을 알게 되었다. 아버지에게 있어서 「한산 이가」의 피를 잇는 조선인인 것은 틀림없는 사실이고 그것으로 망설이는 딸의 삶은 이해할 수 없었을 것이다. 내 자신이 조선인이라는 것을 납득하는 데에 상당히 멀리 돌아온 것 같다. 나는 「조선인」으로서, 머뭇머뭇 거리며 막 한 발을 내민 것이다.

아버지의 유골

[私にとって「在日」とは] アボジの遺骨

페이지
108~110

필자
손제현(孫齊賢, 미상)

키워드
아버지, 유골,
경상도, 편모

해제자
김경옥

손제현은 회사원이다. 저자는 위암 적출 수술 후 얼마 되지 않아 임종을 맞이한 아버지의 유골을 보며, 저자의 어린 시절 경륜과 마작에 열중했던 아버지의 모습을 회상한다. 저자 또한 나이가 들어 남자인 아버지를 조금씩 이해하게 되면서 아버지가 근본적으로 나쁜 사람이 아니라는 것을 깨닫게 된다.

「아버님이 오늘 아침에 갑자기 의식불명이 되셔서…」 그렇게 수화기를 통해 들었을 때, 내 마음은 이상하게도 침착하였다. 시골로 가는 열차 안에서 아버지에 관한 여러 생각들이 어지럽게 떠오르다 사라졌다.

아버지는 섬유와 관광산업이 발달한 중부의 지방도시 기후(岐阜)에 어릴 때부터 살다 거기서 생애를 마쳤다. 위암 적출 수술을 한 직후 아버지에게 병문안 갔을 때, 「결국 이 마을이 맘에 들어서가 아니라, 경륜장과 마작 상대로부터 벗어나기 힘들었을 뿐이지」하고 말씀하시는 염세적인 이미 초로의 아버지였다. 40대라고는 도저히 믿기 힘들 만큼 눈에 띄게 늙어버린 아버지에게 나는 어릴 적의 원망을 던져버린 것이었다. 내가 사춘기가 되었을 때는 아버지는 이미 경륜·마작에 열중하고 있었고 술장사를 하게 된 어머니가 번 돈만이 유일한 수입원이었다. 어느 날, 어머니의 늦은 귀가로 목숨을 건 싸움이 일어난 적이 있다. 눈이 벌겋게 충혈된 아버지는 부엌에서 칼까지 가지고 와서 「죽어라!」하고 부들부들 떨면서 소리치고 있었다. 한밤중의 소동으로 주변 사람들이 달려 나왔어도 아버지의 분노는 좀처럼 가라앉지 않았다. 이런 옛날이야기를 조금씩 말하니, 아버지는 난처한 듯이 웃을 뿐이었다.

어머니는 내가 소학교 6학년 때, 아버지와 이혼하고 우리 형제는 어머니가 맡아주셨다. 이혼해서 속이 후련했다고 어머니는 항상 말씀하셨다. 우리도 잘됐다고 진심으로 기뻐했다.

「아버지는 정말 심한 사람이었어」하고 우리 모자는 뭔가 있을 때마다 생각하며 그렇게 함으로써 편모만의 쓸쓸함을 달래고 있었다. 그러나 나도 점점 어른이 되고 남자의 기분이라는 것을 알게 되자, 아버지도 근본이 나쁜 사람은 아니라는 것을 깨닫게 되었다. 그리고 우정 같은 것을 느낌과 동시에 아버지가 말씀하시는 것이 옳다고 생각하게 되었다. 그런 아버지가 시골 병원에서 임종을 지켜줄 사람도 없이 죽은 것이다.

내가 아버지에게 다가가는 것을 달가워하지 않으시고, 아버지가 병환 중이라는 것을 알아도 병문안도 가지 않았던 어머니는 결국 장례식조차도 가지 않으셨다.

유골은 아버지가 인생의 대부분을 보내신 시골의 작은 절에 모셔 놓았다. 아버지가 생전에 자주 고향 이야기를 하셨던 것이 지금 생각난다. 아버지의 뼈는 역시 내 손으로 경상도의 고향 묘지에 묻어 드려야지 하고 그렇게 결심하고 있다.

나에게 있어서 「재일」이란
한국 교회에서
[私にとって「在日」とは] 韓國の敎會で

한국인 아버지와 일본인 어머니 사이에서 태어난 최영애는 한국여성학 연구자이며, 분쿄대학(文教大学) 문학부 교수이다. 현재는 야마시타 영애(山下 英愛)라는 이름을 사용한다. 저자는 자신의 2번째 한국여행에서 처음 간 한국교회에서의 기도하는 숙모의 모습을 보며 머릿속에서 계속 찾고 있던 조선을 실상으로 접하게 되었음을 말하고 있다.

나는 올 2월에 한국에 다녀왔다. 나에게 있어서 2번째의 한국여행이었다. 나는 소학교 6년간을 민족학교에서 보낸 것도 있어 내 의식에는 항상 「조선」이라는 것이 있었다. 그리고 민족학교를 졸업 후, 본명인 어머니의 일본성을 대고 일본의 중학교에 다니기 시작했다. 거기서는 지금까지와는 완전히 다른 세계관을 받아들여야만 했다. 그 무렵의 나에게는 자신이 일본 국적을 가지고 있고 어머니가 일본인이면서도 "진짜" 일본인이 아니다, 라는 것을 막연히 생각한 것이 나의 최선이었고, 재일조선인의 역사에 입각하여 자신의 위치를 거기에서 찾는 것은 불가능하였다. 그리고 소학교 시절에 배양된 민족의식과, 표면상 일본인으로서 행동하는 생활과의 상극을 반복하는 동안에 나는 점차로 자신을 조선인도, 일본인도 아닌 불안한 입장을 생각하게 되었다. 그런 나에게 있어서 이번 한국여행은 자신의 입장을 확실히 자각하기 위한 귀중한 체험이었다.

페이지
113-115

필자
최영애(崔英愛, 1959~)

키워드
한국 여행, 민족 의식, 자각,

해제자
김경옥

최초의 한국방문은 작년 여름, 오빠와 함께 고향에 있는 늙은 조모와 많은 친척들을 만나러 간 것이 목적이었다. 그래서 이번은 꼭 혼자서 한국에 가서 여행을 하며 자신의 민족의식을 확실히 하고 싶었다. 그리고 가능하면 조선인이 되어서 지금의 불안정한 입장에서 벗어나고 싶었다. 한국에 도착한 날, 서울에 사는 숙부와 숙모에게 연락도 하지 않은 것이 신경이 쓰였지만, 숙소에 짐을 풀자마자 구경하러 나갔다. 구정 직후였던 탓인지, 덕수궁에는 치마·저고리를 입은 젊은 여성들이나 가족 동반이 눈에 띄었다. 나는 여행기간 동안 친척들에 대한 어색함을 시종 느끼며 그래도 혼자 여행하는 편안함을 맛보면서 각지를 돌아다녔다.

나는 그 며칠 동안 여권을 볼 때 말고는 일본을 잊어버릴 수가 있었다. 아는 사람들에게 자신이 재일교포라고 말함으로써 그들이 보여준 미소를 언제까지나 입장을 제외한 일체감의 표현으로 파악하고 자기만족을 느꼈다.

서울을 떠나는 날, 숙모의 아버지가 장로로 계시는 교회에 숙모와 함께 나갔다. 그 교회는 조선식 가옥이 밀집한 언덕 위에 500명 정도의 성도가 있었다. 나로서는 태어나서 처음 가는 교회이기도 하였다. 친척들에게 느낀 께름칙한 기분이 내 자신 멋대로의 행동에서 나온 것을 겨우 알게 된 것이다. 친척들조차도 배려하지 못하고 한국 사람들과 일체감을 가지려고 한 자신이 부끄러웠다. 옆에 앉아서 계속 기도하는 숙모를 보면서, 오랜 기간, 머릿속에서 계속 찾아왔던 조선이 확실한 실상으로서 내 가슴에 새겨졌다.

일본에 돌아와서 나는 조선어를 다시 배우기 시작했다. 그것은 아직 나 자신에게 부족한 「조선」을 메워가기 위한 것이기도 하고, 또 지금까지 막연히 품고 있었던 여성사에 대한 관심을 조선의 여성사라는 불가결의 과제와 연결 지을 수 있었기 때문이다. 앞으로는 그 구체적인 실천 속에서 「재일」의 의미를 계속 물어보고자 한다.

온돌방
おんどるばん

호흡이 긴 잡지를 후쿠야마시(福山市)·사토 요시나리(佐藤好成)·46세

최근 몇 년, 잡지 『일본 속의 조선문화(日本のなかの朝鮮文化)』
와 시바 료타로(司馬遼太郎) 씨의 『가도를 가다(街道をゆく)』를
읽고 일본과 조선의 관계에 눈을 뜨게 되었다. 그런데, 제 23호에
이른 이 잡지를 우연히 서점에서 볼 때까지 그 존재를 완전히 알
지 못했다. 표지는 멋진 스기타(杉田剋多)화백이고, 편집위원들
도 들은 적이 있는 선생님들이라 반가웠다. 김달수(金達寿) 씨의
『쓰시마까지(対馬まで)』와 김석범(金石範) 씨의 『왕생이문(往生
異聞)』등을 감명 깊게 읽고, 일본 문학에서 잃어버린 무게감 있는
존재감에 어리둥절했던 것도 최근의 일이다. 아무쪼록 호흡이 긴
잡지가 되기를 바란다.

진실을 규명하는 단서 오사카시(大阪市)·이쿠미코(李久美子)·약제사·
27세

우리들 재일조선인 2세, 3세는 조선인으로서의 민족적 자각, 삶
에 대해 많은 걱정과 불안을 가지고 있다. 『계간삼천리』를 읽게
되어 내가 찾고 있던 것을 만난 것 같은 느낌이 들었다. 매일 텔레
비전의 뉴스와 신문에서 한국의 상황이 전달되고 있지만, 현재의
혼돈스런 조선의 정황을 알고 진실을 주시하는 단서로서 이 잡지
를 숙독하고 싶다.

페이지
254-255

필자
독자

키워드
진실, 광주사건,
재일조선인, 통일

해제자
김경옥

재일조선인문제를 국제적 시야에서 나고야시(名古屋市)·다구치 준이치 (田口純一)·대학조수·27세

『계간삼천리』22호의 웨인 패터슨 씨의 논문 「조선인의 하와이 이주와 일본(朝鮮人のハワイ移住と日本)」은, 제21호의 쓰루시마 세쓰레(鶴嶋雪嶺) 씨의 「아메리카 이주 조선인(アメリカの移住 朝鮮人)」과 마찬가지로, 재미있게 읽었다. 재일조선인 문제를 비교사회학, 혹은 국제적시야 안에서 다루고 있는 것이 앞으로의 재일외국인문제에서는 불가결하게 된 것은 아닐까. 나 자신도 유학생과 매일 만나야 하는 일을 하고 있지만, 일본의 「외국인」, 이민족이 처한 상황과 그것에 대한 올바른 대응이 일본사회의 기본적 성립과 관련되어 있는 것처럼 느껴진다.

더 많은 해외조선인 기사를 오사카시(大阪市)·가쓰라(桂史羅)

제22호의 W·패터슨 씨의 「조선인의 하와이 이주와 일본(朝鮮人のハワイ移住と日本)」기사는 매우 공부가 되었다. 가능하면 소련 내의 조선인에 관한 특집도 있었으면 한다. 6호에 오자키 히코사쿠(尾崎彦朔) 씨의 「중앙아시아의 조선인(中央アジアの朝鮮人)」이 있었지만, 더 총괄적인 것이 있었으면 한다. 자료 입수 등 그 외 곤란한 점이 있겠지만, 언젠가 꼭 나왔으면 한다. 동시에 사할린의 동포도 다루어주길 바란다. 왜 귀국할 수 없는 것인지, 그 경위를 알고 싶다. 재일 2세인 나는 『계간삼천리』를 사회과의 교과서로서, 또 부모와 자식 간의 대화 매체로 이용하고 있다.

광주사건 전야의 한국 구마모토시(熊本市)·나가토시 겐이치(長利憲一)· 의사·32세

5월 광주사건 직전에 한국여행을 다녀왔다. 박 전대통령이 김재규(金載圭) 전 KCIA부장의 총탄에 쓰러지고, 일시적으로나마 민주화에 대한 기대를 국민이 갖고 있던 무렵이다. 학원민주화의 요구를 내건 대학생들의 운동이 조선대학, 전남대학 등 각지의 대학에서 확실히 진행되어, 그곳 신문에서도 그러한 것들은 보도되었다. 또한, 김대중 씨도 텔레비전 뉴스에서 볼 수 있었다. 청년들은 화려한 화장도, 화사하지도 않았지만, 그 표정에는 늠름함이 엿보였고 레스토랑에서는 보리가 섞인 밥을 먹고 있었다. 인플레이션 가운데에도 「4·19」비(碑)가 부산 용두산공원(龍頭山公園)에 있었지만, 다시 5월의 증오의 비(碑)가 장래에 세워지는 것일까. 정치의 「삼권분립」원칙 위에 군대가 덮쳐서 이런 것들을 지배하고 있는 것 같다. 「약진 80년대」라는 캐치프레이즈가 거리에 붙어 있는 것은 한국도 일본도 마찬가지이지만, 대체 약진이란 무엇일까. 조선병합, 조선동란, 그 이후 억압의 정치와 싸워온 한국 민중의 모습이 본 잡지 22호의 특집 「"4·19" 20주년과 한국("四·一九"二十周年と韓國)」에서도 잘 보이지만, 현재의 정세가 그것과 꼭 닮은 것이 놀라울 뿐이다.

가슴 아픈 광주 학살 히가시쿠루메시(東久留米市)·유키모토 게이치(行本惠一)·45세

선명한 아침의 나라, 삼천리 금수강산이 일제 36년, 분단의 36년을 거쳐 새로운 민족적 비극, 이른바 광주봉기를 맞이한 이 시점에서 특집 「조선·2개의 36년(朝鮮·二つの三十六年)」은 의미 깊은 일이었고, 또한 「광주학살사건」에 많은 지면을 할애한 것은 상당히 의의가 있다고 생각한다. 나는 오늘날의 일본사회의 우경화, 군국주의화가 노골적으로 드러난 것과도 관련이 있다고 생각해 단번에 전부 읽어버렸다. 특히 강재언(姜在彦) 씨의 「조선의 해방과 분단(朝鮮の解放と分断)」에서는 소위 38도선의 유래, 의미하는 바를 잘 이해할 수 있었고, 조선민족의 오늘날의 심각한 비극을 충분히 느낄 수 있었다. 또 마에다 야스히로(前田康博) 씨의 「유혈의 광주-새로운 36년(流血の光州-新たな三十六年)」에서는 저널

리스트로서의 관점에서 본 광주사건의 진실이 상당한 제약이 있었다고는 해도 이해가 되었다. 광주시민이 전두환(全斗煥) 전 국군보안사령관의 특전단인 공수부대에 의해 무차별적으로 살해되고 부상당한 모습이 매우 잘 표현되어 있어 새로운 전율을 느꼈다. 아름다운 삼천리 금수강산에 언제 봄이 올 것인지. 나는 가슴 아픈 나머지 어찌할 바를 모르는 심경이다.

36년이 가진 의미 후지시(富士市)·가토 요시오(加藤善夫)·교원·31세

광주사건의 처참한 탄압은 박 전 대통령 사후의 한국정세를 낙관할 수 없다는 것을 새롭게 우리에게 가르쳐 주었다. 본지 제23호의 특집 「조선·2개의 36년(朝鮮·二つの三十六年)」에 실린 논문은 해방 후의 조선이 일본의 식민지시대와 똑같이 36년을 새겨온 것의 여러 가지 의미를 묻고 있다. 해방 후 36년의 조선민족이 안고 있는 무거운 문제, 그리고 일본민족에게 있어서는 일찍이 식민지 지배시대와는 다른 의미에서 더욱 무거운 것이라고 말할 수 있을 것이다. 36년째의 여름을 맞이하고, 우리는 「평화」의 의미를 근저부터 다시 물어볼 필요가 있을 것이다.

통일을 염원하는 뜨거운 마음 오카사키시(岡崎市)·오쿠보 도시아키(大久保敏明)·고등학교 교원·36세

『계간삼천리(季刊三千里)』22호의 김학현(金学鉉) 씨의 「분단시대 극복을 향한 지향-문학작품으로 보는 "분단"(分断時代克服への施行-文学作品にみる"分断")」을 흥미롭게 읽었다. 송원희(宋媛熙)의 「분단(分断)」이라는 작품을 사전을 찾아가면서 원서로 읽은 적이 있었는데 그것이 인용되기도 하여서 매우 기뻤다. 송원희라는 여류작가의 작품은 더 많이 일본에 소개되어야 한다고 생각한다. 조선민족의 통일을 염원하는 뜨거운 마음은 이러한 문학작품을 읽는 것으로 일본인에게도 리얼하게 전해지는 것이 아닐

까 생각한다. 조선의 통일을 바라는 많은 일본인, 조선인이 이해할 수 있는 장(場)으로서, 『계간삼천리(季刊三千里)』가 더욱 충실히 발전해 가기를 바란다.

먼저 재일조선인이 하나로 오사카시(大阪市)·무카이 겐지(向井謙二)· 대학강사·43세

본지 23호의 특집 「조선·2개의 36년(朝鮮·二つの三十六年)」은, 지금까지의 특집 중에서도 가장 가치 있는 것이라고 생각한다. 더욱 충실히 하기 위해 지방의 시골 벽촌에 사는 재일조선인의 생활이나 의견 등을 다뤄주었으면 한다. 조국의 상황을 지나치게 근심하며 비평만 하지 말고, 재일조선인 측으로부터 건설적인 방향을 찾아내도록 노력해야 한다고 생각한다. 예를 들면, 여러분의 조국은 분단되어 있기는 하지만, 현재 일본에게는 정치적인 것은 그렇다 하더라도 남도 북도 없이 공존하고 있는 것이 아닐까. 우선, 그 재일조선인이 하나가 되는 것이 중요한 것이 아닐까. 나는 일본인으로서 그것에 어떻게 협력할 수 있을까, 하고 생각하는 것이 중요하다고 생각한다. 그 때문에라도 귀지(貴紙)가 더욱 노력하기를 기대한다.

편집후기
編集後記

어느 대학의 앙케이트 조사에서 편집위원·강재언(姜在彦)

어떤 대학에 근무하고 있는 일본인 친구로부터 올해 4월에 들은 이야기인데, 「아시아 비교문화론(アジア比較文化論)」이라는 테마로 강의를 시작하기 전에 조선에 관해 앙케이트 조사를 했다고 한다. 그런데 그 결과는 조선에 관한 지식은 제로에 가까운데 조선관만큼은 확고한 것이었다고 했다. 들으면서, 처음에는 세상에 참 이상하면서도 재미있는(?) 이야기라고 생각했지만 점점 우울해졌다. 「지식이 뒷받침되지 않는 조선관(知識の裏付けのない朝鮮觀)」이라는 것이 되는데, 최근 조선 혹은 한국에 관한 정보는 거의 정치기사이고, 게다가 우울한 사건이 많다. 어느 나라의 정계에서도 스캔들은 많지만, 만약 그만큼의 지식만으로 판단한다면 곤란하다. 조선과는 일의대수(一衣帶水)의 나라이고, 한국의 정치문제에는 일본과 관련된 것이 많다. 따라서 이러한 정치기사가 많이 보도되는 것은 당연하다. 문제는 일본인의 평균적인 지적 수준으로 보아 고등학교 또는 대학교를 졸업한 때에 조선에 관한 기초지식은 제로에 가까운 것으로, 이러한 정치기사만이 옆 나라를 판단하는 유일한 지식이 될 경우에 어떻게 해야 할까. 본지는 당면 시사문제에 관련한 논고와 함께 다면적으로 조선을 그리고 일본과의 관계를 알기 위해 많은 지면을 할애하고 있다.

페이지
256

필자
강재언
(姜在彦, 1946~),
이진희
(李進熙, 1929~2012)

키워드
조선관, 김대중, 전두환

해제자
김경옥

편집을 마치며 편집위원·이진희(李進熙)

남북대화를 위한 교섭이 중단되고, 이번만큼은 무언가 단서를, 이라는 바람은 또다시 짓밟혀져 버렸다. 대화 재개를 위한 접촉이 시작된 작년 봄, 「어려운 문제이기에 끈질기게 했으면 한다. 이번 남북 접촉이 성과 없이 중단되면, 대화의 길이 멀어질 뿐만 아니라, 민족내부의 문제조차 자신들 사이에서 얘기할 수 없는 무능함을, 세계의 사람들에게 보여주는 것이 될 것이다.」(본지 제18호)고 썼지만 불행하게도 그러한 결과가 되어버렸다. 본 호의 강재언(姜在彦)이 논문에서 지적하고 있는 것처럼, 우리는 이 36년간 남북 평화통일을 열망한 나머지 통일은 목전에 있다, 조금만 참자, 고 자기 자신을 설득하며 초조와 실망과 체념을 반복해 왔다. 그러나 통일에 대한 모색은 침착하게 앉아서 시간을 들여야만 할 것 같다. 그만큼 재일조선인은 더욱 목소리를 내야 할 것이다. 본 호의 편집을 진행하고 있던 지난 10월, 북의 공화국에서는 조선노동당 제6회 대회가 열려 김일성주석의 아들, 김정일 씨가 실질적인 후계자로서 등장하였다. 한편, 남쪽의 한국에서는 전두환 씨가 대통령에 취임하고, 김대중 씨에게는 군사법정이 사형인 극형을 언도하였다. 설마, 하고 생각하고 있던 것이 모두 현실이 되어버렸다.

1981년 봄(2월) 25호

삼 세대가 모여 기도했다

[架橋] 三世代が集まって、祈った

시미즈 도모히사는 도쿄 출신으로 도쿄대학 교양학부 미국분과를 졸업했다. 1976년 일본여자대학 강사, 조교수를 거쳐 1979년에 일본여자대학 교수가 되었다. 일본의 미국사 연구자이며 일본여자대학 명예교수이다. 선주민인 미국 인디언의 입장에서 미국사를 연구하고 있으며, 또한 베트남 반전(反戰), 미군해체운동 등 시민운동가로도 활동하고 있다. 저서로는 『아메리카제국(アメリカ帝国)』, 『베트남전쟁의 시대(ベトナム戦争の時代)』 등이 있다. 이 글은 일본에서의 '김대중 씨를 죽이지 마라'는 다양한 세대들이 서명운동에 참여하고 의사소통한 시민연대 운동이었음을 서술하고 있다.

1960년 7월에 시작되었던 '김대중 씨를 죽이지 마라'는 시민서명운동은 도쿄의 사무국과 그 주변에서 직접 담당한 삼 세대의 사람들로 구성되었다. 주창자의 한사람이자 최고령자인 이시가와 후사에다(石川房枝) 씨를 비롯하여 나카노 요시오(中野好夫) 씨, 아오치 신(青地晨) 씨 등은 70대 참여자이다. 교토에 거주하는 두 사람 쓰루미 슌스케(鶴見俊輔) 씨와 히다카 로쿠로(日高六郎) 씨, 가톨릭정의와 평화협의회의 모리타 소이치(森田宗一) 씨 등이 중년층 이상에 해당한다. 그다음 세대는 50대 전반에서 40대의 중년층이다. 목사인 나카시마 마사아키(中嶋正昭) 씨와 오시오 기요

페이지
14-16

필자
시미즈 도모히사
(清水知久, 1933~)

키워드
김대중, 삼 세대, 시민,
서명운동, 의사소통,
전후 민주주의

해제자
김현아

키(大塩清樹) 씨, 작가 오에 겐자부로(大江健三郎) 씨 등도 이 중
년층에 들어간다. 그리고 매일같이 작은 사무소에 모여서 일하고,
서명부와 간판을 들고 길거리에 섰던 젊은 사람들이 있다. 10대
재수생인 최연소자로부터 대학생, 회사·학교·보육원에 근무하는
젊은 사람, 곧 부모가 될 부부, 저널리스트를 지망하는 젊은 남녀가
참여하였다.

이 서명운동이 사람들로부터 꽤 신뢰를 받았던 이유 중 하나는
세대가 편중되지 않았다는 점이다. 젊은 사람들만으로 '시민'이라
고 나서게 되면 곤란해지지만, 젊은 사람들이 부모나 할아버지,
할머니와 같은 연령대의 사람들과 소통하면서 함께 행동한다면
당연한 시민으로 변신하게 된다는 것이 나의 지론이자 이론이다.
10년 전의 경험을 말하자면 작은 데모행진에 지긋한 연배의 한
분이 참가하시어 매우 안심되었던 적이 있었다. 게다가 어린 자녀
를 동반한 어머니들이 함께하면 이건 대만족인 셈이다.

고령의 선생님들과 젊은 사람들 사이에 무언가 큰 마찰이 발생
하게 되면 중년층이 그 중간에서 조정하는 역할을 할 수 있어 존
재 이유도 커지지만 그러한 일은 일어나지 않았다. '김대중 씨를
죽이지 마라'는 시민집회에서 나카노(中野) 씨는 대역사건에 대
해 반복하여 역설하였다. 젊은 사람들은 이 사건을 잊으려 해도
잊을 수 없을 것이다. 고문을 경험한 아오치(青地) 씨의 이야기에
대해서도 마찬가지일 것이다. 이러한 이야기를 하는 것은 젊은 사
람들은 불가능하지만, 연배가 있는 분들의 경험과 지혜를 듣고 전
달하게 된다면 이 좋은 기회에 충분히 보답할 수 있을 것이다.
그리고 양쪽 사이에 의사소통이 좋지 않다면 중년층은 선후 민주
주의의 시작과 함께 자라났기 때문에 의사소통을 원활하게 할 수
있고, 또한 양쪽에서 배우며 독자적인 입장을 제시할 수도 있을
것이다.

삼 세대의 참가만으로 잘된 일이라고 생각하지 않지만, 삼 세대

간에 긴장이 없었다는 것만으로 무조건 기뻐할 마음도 없다. 더구나 '김대중 씨를 죽이지 마라'고 하는 시민서명운동과 관련하여 일본이 시민운동의 모범이라고 말할 생각은 조금도 없다. 하지만 자기 자랑이나 자화자찬이 아니라 삼 세대가 각각의 경험, 그리고 지혜, 개성을 서로 존중하며 서로 활용할 수 있었던 것은 사실이다. '김대중 씨를 죽이지 마라'고 기도하면서 계속 호소하는 과정은 우리 전부를 서로 활용하는 과정이기도 했다.

독자들은 눈치 채겠지만 이 문장의 대부분을 나는 과거형으로 썼다. 제목도 그렇다. 이 글을 쓴 지금은 1980년 12월 7일 일요일이며, 김대중 씨의 운명이 결정되는 날을 앞두고 있다. 그러나 이 글이 실리는 『계간 삼천리』 제25호가 간행되는 것은 1981년 2월 1일로, 그때는 김대중 씨의 생사가 이미 결정되었을 것이다. 81년 2월에는 '김대중 씨를 죽이지 마라'고 바라는 시민서명운동의 모습은 사라졌을 것이다. '죽이지 마라'고 하는 시민운동이 과장되지 않고 중요한 고비를 맞이하고 있을 이 시기에 굳이 과거형으로 쓴 이유를 이해해 주신다면 다행이다.

김대중 씨가 죽는 일이 없도록 바라는 것만은 확실한 현재형으로 썼다. 종교도 갖지 않는 자의 기도이기 때문에 하늘 혹은 하늘과 같은 힘을 가진 무언가가, 여러 신, 부처가 이 기도를 들어주시기를 지금 삼 세대가 모두 마음을 합쳐 기도하고 있다.

가교
후회만 가득

[架橋] 悔いのみ, 多し

오자키 히코사쿠는 오사카시립대학의 명예교수로 1980년대 일본에서 국가자본주의 이론의 연구자로 주목받았다. 저자는 일본이 과거의 전쟁에 대해 무책임한 자세를 보인다고 언급하면서 이러한 무책임이 현재의 일본 사회로 이어져 민족차별이 나타나고 있음을 지적하고 있다.

그 당시 나는 신문 특파원으로 만주(滿州, 현재 동북 '東北')를 서성거리고 있었으며, 이순기(李順基)는 와세다(早稲田)에서 오노 아즈사(小野梓, 당시 수석 졸업자에게 주어졌다)상을 받고 사립학교 출신 조선인으로는 드물게 조선은행에 입사한 엘리트 은행원(?)이었다. 나는 최초의 도쿄공습(東京空襲, 1942년) 직후 갓 태어난 아기와 아내를 도쿄 우시고메(牛込) 셋집에 두고 제일선(第一線)으로 동원되었다. 아마 이순기는 태어나서 이런 일은 처음이었을 것이다. 고개도 가누지 못하는 아기의 기저귀를 갈고 짐을 꾸려(물론 자신의 금서도 그 속에 넣어서), 아직 입적도 하지 않은 나의 아내와 아기를 시골집에 데려다주었다.

그를 만난 것은 편·전입생으로 운영되던 교토(京都)의 사립 중학교에서였다. 나는 1935년 여름에 몇 년간의 사회생활을 끝내고 4학년 2학기에 편입했다. 그도 경성제일고보(京城第一高普)에서 추방되어 2, 3년 정도 일을 한 후 이 학교로 오게 되었다. 나는 19

페이지
16-21

필자
오자키 히코사쿠
(尾崎彦朔, 미상)

키워드
이순기(李順基),
민족문제, 민족차별,
침략행위, 제국주의,
포그롬(pogrom),
무책임 체계, 마르크스

해제자
김현아

세, 그는 21세였다. '2·26사건'이 있던 봄에 나는 와세다(早稻田)로 그는 우라와(浦和)고교에 입학했다. 그러나 그는 납부금을 내지 못해 공부를 단념하고 오사카(大阪)로 일하러 갔다. 그곳에서 1년을 지내고 와세다로 왔다. 그리고 같은 청년기를 보내는 우리들의 유대는 한층 돈독해졌다.

1943년 1월 차가운 하얼빈에서의 밀회와 같은 2일 동안은 그와의 마지막 만남이 되었다. 이듬해 봄 나는 군대에 동원되었다. 그후 그가 어떠한 운명에 처했는지 전혀 알 수 없었다.

최근 나는 어떤 계기로 '민족문제=민족차별과 어떻게 싸워야 할까'를 대학 교양강좌에서 이야기할 기회가 주어졌다. 전문가도 아닌 내가 그것을 해야만 하는 경위는 차치하고, 그 과정에서 어김없이 직면해야 하는 하나의 사고패턴에 나는 늘 당황하였다. 지금도 또한 그 틀에 박힌 리포트를 앞에 두고 머리를 감싸고 눈을 감는다.

— 일찍이 조선 인민에게 자행한 침략행위를 두 번 다시 하지 않겠다고 맹세할 경우 거기에는 객관적인 체제적 보호가 필요하다. 그것은 다음을 위해서도 확실히 짚고 넘어가는 것이 중요하다. 첫째는 일본의 과거 침략행위는 제국주의 정책을 추진했던 당시의 지배층이 자행한 일이어서 일본인, 일본민족이 한 일이 아니라는 것이다. 침략정책은 일본인 또한 제국주의의 희생자였다. 이것을 제대로 짚고 넘어가지 않으면 진짜 억압자의 죄를 애매하게 할 위험성이 있다. 둘째는 현재 일본의 독점자본주의가 아시아 여러 나라에 제국주의적 침략을 시작하고 있다는 사실이다. 침략정책은 과거의 문제가 아니다. 그렇다면 우리들의 투쟁대상은 일본의 독점자본인 것은 자명하다 — 라는 유형이다.

하지만 '제국주의의 희생자'로 규정되는 그 일본인이 차별과 만행의 직접적인 당사자였다고 한다면 그 책임은 어디로 가는 것인가. 관동대지진 때 일본적 포그롬(pogrom 조선인 대량학살)은 일상생활에서 선량한 서민의 손에 의해 감행되지 않았는가. 민족억

압·민족적 차별은 당연하게도 차별 주체인 일본인 한 사람 한 사람이 민족적으로 서로 의지하는 것과는 반대로 독립한 인격화·개체의 존엄을 자각하는 것에서 깨어나지 않으면 문제에 다가가는 것도 불가능하지 않을까. '억압위양(抑壓委讓)의 원리(原理)'(위에서 차례로 아래로 책임을 전가해 가는 일본형 무책임 체제—마루야마 마사오, 丸山眞男)를 떨쳐버리는 데는 자신이 도립(倒立)해야 한다…고, 지금 그 리포트에 코멘트를 적었다.

이순기여! 우리에게 귀중한 마지막 2일간, 보드카의 술기운 탓도 있었지만 거의 모든 시간을 이와 같은 문제로 소비했었지. 이제 자네는 상관없는 곳에 가 있을지도 모르겠지만 나는 지금도 같은 과제 속에서 버둥거리고 있다네.

학생의 리포트를 읽으면서 문득 그 당시의 화제를 떠올린다. '…그것은 자유의 몸의 대가인가—붙잡혀 있는 쪽이 낫다—부질없는—우리의 고민은 끝이 보인다—자조해도 소용없다…'. 그 대화의 소재는 이런 것이었다.

그 무렵 자네와의 유대를 돈독하게 했던 것은 국가를 대항 축으로 하여 구성하였던 선린(善隣)의 사상이 아니라 그것을 초월하여 성립한 새로운 인간의 공동성(共同性)에 대한 동경이었다. 그것은 마르크스를 비롯하여 초보자인 나에게 선생님이기도 한 자네와 공유한 사상이었다.

가교
민족과 은수
[架橋] 民族と恩讐

이소가야 스에지는 흥남의 조선질소비료회사에서 노동자로 일하면서 태로(太勞)사건에 연루되어 조선에서 감옥생활을 하는 동안 감옥 안의 조선인들을 제국주의의 피해자로 인식하게 되었다. 이러한 역사 인식을 바탕으로 저자는 일본 제국주의에 대한 비판적인 시각으로 일본 사회가 간과하고 있는 과거사에 대한 책임과 반성이 필요하다고 논하고 있다.

나는 일전에 조선에서 생활했던 18년간의 추억 일부를 '조선종전기(朝鮮終戰期)'라는 책 이름으로 미래사(未来社)에서 출판했다. 그것은 나의 개인적 경험의 기록일 뿐 학술적 문헌인 소위 역사서는 아니다.

내가 조선에 건너간 것은 1928년 군대에 징용되었기 때문이다. 함경북도 나남의 19사단 산하의 한 부대에 배속되어 1930년까지 군대 생활을 했다. 군대에서 해방되자 나는 흥남(興南)으로 직행하여 조선질소비료회사(朝鮮窒素肥料会社)의 노동자로 들어갔다. 그것이 조선에서의 나의 사회생활의 출발이자 사회주의사상을 처음으로 접하게 된 때이다. 그러나 나는 불과 2년 만에 공장에서 검거되어 이후 10년 간, 즉 1942년까지 흥남경찰의 유치장, 함흥형무소, 서대문형무소, 그리고 다시 함흥형무소로 장기간 구류되었다. 내가 검거된 이유는 공장에서 우연히 조선의 젊은 사회운동활

페이지
21-23

필자
이소가야 스에지
(磯谷季次, 1907~1998)

키워드
조선종전기
(朝鮮終戰期),
징용, 조선질소비료회사,
노동자, 사회주의,
조선 민족, 은수(恩讐)

해제자
김현아

동가들과 알게 되어 그들의 생활을 통해 그 사상에 공감하고 점차 그들과 공동행동을 취하게 되었기 때문이다.

당시 일본은 본격적인 대륙침략에 대비해서 조선을 군수기지로 삼아 중화학공장 건설에 착수하였고 그 대표적인 것이 흥남의 조선질소비료회사였다. 공장은 증설·확장을 계속하였고 노동력의 수용은 왕성하여 조선 각지에서 토지를 빼앗긴 농민과 몰락한 소시민, 정치적 망명자, 그리고 나와 같은 군대 제대자인 일본인 등이 일하고 있었다.

일본이 흥남공장의 산업상 또는 군사상의 역할을 중요시한 것과 마찬가지로 조선의 혁명세력 또한 그곳에서 일하는 노동자의 조직화를 가장 중요시하고 있었다. 이리하여 1931년에는 김호반(金鎬盤)을 지도자로 한 제1차 태로사건(太勞事件)이 발생하고 이듬해 32년에는 우리가 관계한 제2차 태로사건이 일어나 흥남경찰에 구치되었다.

나는 옥중에 많은 조선인을 알게 되었다. 사상범도 그렇지 않은 사람도 그리고 사형수며 노인이며 젊은이며 정말로 다양한 사람들이 있었다. 드물게 여성도 있었다. 그들이 만약 일본에 지배되어 약탈당하지 않은 자유로운 독립된 조선에서 생활하고 있었다면 그 대부분은 죄인이 되지 않았음에 틀림이 없다.

전후에 일본인이 북한에서 힘든 상황이었을 때 조선 민족은 그들의 조국 재건을 위해 고난에 찬 투쟁을 계속하고 있었다. 그 정치적·사회적 진통 속에서 회린분주소(會隣分駐所)의 보안대원(保安隊員)들은 엄마를 잃은 3명의 고아를 따뜻하게 돌보았고, 고아들의 희망에 따라 함흥까지 보내주었다. 또한 영양실조와 전염병으로 피난민 3249명 중 1431명의 사망자를 낸 부평(富坪)에서도 피난민의 위기를 구한 것은 당시 함경남도 도검찰부(道檢察部) 이상북(李相北) 검사였다. 그는 피난민의 너무나 비참한 상황에 놀라 장문의 조사보고서와 의견서를 작성하여 각 기관에 제출하고 천 수백 명의 일본인을 구했다. 이처럼 얼마나 따뜻한 원조의 손길을 받았는지 일일이 열거할 수가 없다.

과거 조선 민족에 대해 죄를 저지른 일본은 전후 조선 민족의 행복과 번영을 위해서 모든 원조를 해야 했다. 그러나 일본은 그것을 위해 전혀 노력하지 않았고, 지금도 하지 않고 있다. 일본이 만약 조선 민족의 행복과 번영을 생각한다면 조선 민족이 누구에게도 간섭받지 않고 자기 자신의 의사로 통일국가를 건설할 수 있도록 일본의 경제력, 정치력, 그리고 예지(叡智)를 동원해야 한다. 거기서 비로소 양 민족의 은수(恩讐)를 초월한 진정한 새로운 관계가 만들어진다고 생각한다.

대담
일본인의 조선관을 생각한다
[対談] 日本人の朝鮮観を考える

우에다 마사아키는 교토대학 졸업 후 고등학교 교원을 하다가 교토대학 조교수를 거쳐 교수가 되었다. 교토대학 명예교수, 오사카여자대학 명예교수 등을 역임하였다. 전공은 일본고대사이며 신화와 민속학을 동아시아의 시각에서 연구하고 있다.

강재언은 제주 출신의 재일 역사학자이다. 일본 교토대학에서 문학박사학위를 취득했으며 하나조노(花園)대학 교수를 역임했다. 저서로는 『조선의 역사』, 『조선근대사 연구』, 『일제의 40년사』 등이 있다. 이 대담에서는 일본인의 조선인에 대한 왜곡된 인식을 바로잡기 위해 민중상호 간의 교류와 역사나 문화적 사실에 근거해야 한다고 말한다.

강 : 1980년의 『제군(諸君)』 4월호에 발표된 쓰지무라 아키라(辻村明)·김규환(金圭煥) 두 사람의 '한일커뮤니케이션 차이의 연구(日韓コミュニケーション・ギャップの研究)'를 보면 세계 15개국 중 '일본인이 가장 좋아하는 나라'는 한국이 전체의 1.8%로 이것은 소련과 같은 아래에서 4번째이다. 최하위가 0.4%로 북한, 즉 1951년의 시점과 그다지 다르지 않다.

우에다 : 1967년의 조사(『편견의 구조(偏見の構造)』 일본방송출판협회)에서도 조선인과 흑인이 최하위이다.

강 : 이들 조사가 보여주는 특징은 조선 및 조선인에 대한 악감

페이지
42-52

필자
우에다 마사아키
(上田正昭, 1927~2016),
강재언
(姜在彦, 1926~2017)

키워드
조선인, 재일조선인,
매스미디어, 왜곡된
인식, 선입관,
상호이해, 민중 교류

해제자
김현아

정이라는 것이 '직접적 접촉'을 갖지 않는 사람들 사이에 뿌리 깊다는 것이다. 즉 여행을 한다든가 재일조선인과 교제한 적이 없는 사람들이 '간접적 접촉'이 되는 매스미디어와 교육을 통해서 조선을 이해함으로써 상투화하는 것이다.

우에다 : 1977년 10월 21일 『아사히저널(朝日ジャーナル)』에 실린 다카마쓰시(高松市) 고교생 의식조사에서도 9할을 넘는 고교생이 조선 또는 조선민족에 대해 왜곡된 인식을 하고 있다는 것을 알 수 있다. 반드시 전전(戰前) 내지 전중파(戰中派)의 사람들뿐 아니라 새로운 민주교육을 받았을 고교생 경우에도 여전히 왜곡된 인식을 갖고 있다. 그것은 학교 교육뿐 아니라 가정교육, 사회교육, 또는 직장 등에서 여전히 생산되고 있다는 것이다. 나는 그 점에서 일본인으로서 밝혀야 하는 문제임을 느낀다.

강 : 지금 우에다 씨는 일본인으로서 말씀하셨는데, 나는 조선인으로서 분명히 말해야 한다. 해방 후 36년간 일본인과 조선인이 정말로 서로 존경하고 존중하는 상호이해를 깊게 하는 노력을 얼마나 해왔는지, 구체적으로 교육과 직장, 지역사회에서 요컨대 일상생활에서 많은 재일조선인이 있기에 어느 정도의 일을 해왔는가를 생각하지 않을 수 없다.

우에다 : 바람직한 우호라는 것은 역시 민중 상호 간의 우호여야 한다. 그리고 인간으로서 향상하는 방향으로 상호비판도 필요하다고 생각한다. 즉 정권이 어떻게 바뀌더라도 인간끼리 혹은 민중끼리 우호라면 일시적인 것이 되지 않는다. 한일관계사에서도 권력자끼리의 우호, 예를 들면 이씨조선의 우호만 중요한 것이 아니라 그 속에서 얽혀 펼쳐진 민중의 상호교류가 오히려 중요하다.

강 : 우호를 생각할 경우 민족과 국가의 정권, 그리고 정권 속의 개인을 구별해야 한다고 생각한다. 정권은 어디까지나 길고 긴 민족의 역사 속에서 일시적인 것이다. 요컨대 국가나 정권으로 좌우되지 않는 민족의 역사 속에 만들어진 한결같은 것에 대한 이해가

중요하다. 최근 일본의 매스컴을 보더라고 정보량은 많은데 정권의 움직임과 관련한 정치기사들 뿐이다.

우에다 : 분명히 정권의 움직임은 중시해야 하지만 민중 상호 간의 교류가 그러한 정권의 모습을 오랜 기간을 통해 바꾸게 되는 경우도 있다.

강 : 이웃 나라이기 때문에 정치적으로 연쇄반응 및 서로 영향을 주는 관계이지만 그것은 어떤 의미에서는 당연하다고 말할 수 있다. 그러나 정권이 바뀌어도 그것에 얽매이지 않고 유유히 흐르고 있는 기층이라는 것을 이해하는 기회가 일본의 경우는 주어지지 않았다. 매스컴에서도 그것이 이루어지지 않았고, 본래는 인간 형성의 과정에 있어서 중요한 위치를 차지하는 교육 현장에서 이루어져야 하는데 지금의 일본은 그렇게 형성되어 있다고 말하기 어렵다. 이점이 일본에서 조선인관을 재구축할 경우 하나의 곤란한 점이 되지 않을까 생각한다.

우에다 : 조선과 직접 소통하지 않은 사람들에게 조사한 결과에서도 편견이 뿌리 깊다는 것은 간과할 수 없다. 조선 민족의 역사든 문화든 모르는 상태에서 말하면 선입관으로 받아들이게 되고 그것이 매개 없이 젊은 사람들 사이에 정착하고 있는 측면도 있다. 그 잘못됨을 바로잡아 가는 하나의 시작과 방도는 조선의 역사나 문화를 사실에 근거하여 이해하는 것이 중요하다.

'나'를 바꾼 재일조선인 – 한 권의 책을 통한 만남 –

[特集 : 朝鮮人観を考える] 「わたし」を変えた在日朝鮮人──一冊の本からの出会い─

구와바라 시게오는 일본그리스도교단 세쓰톤다교회 목사이며, 저서에는 『천황제와 야스쿠니(天皇制や靖国)』 등이 있으며 종교적인 관점에서 천황제를 비판하고 있다. 그는 한국과도 교류를 활발히 하고 있으며 시민연대를 통한 사회적인 활동도 왕성히 하고 있다. 저자는 이 글에서 일본 제국주의의 피해자로 일본에 징용으로 끌려온 조선인 부부를 통해 일본의 조선에 대한 황국신민화 정책을 비판적인 시각으로 서술하고 있다.

1944년 봄부터 여름까지 나는 한 조선인과 함께 생활했다. 6개월 정도의 생활이었지만 지금 생각해보면 그때의 체험이 '국가'와 '사회'에 대한 나의 견해를 바꾸어 놓았다고 말할 수 있다. 당시 나는 효고현(兵庫県)의 서쪽 끝에 있는 반슈아코(播州赤穂)라는 마을의 공장에서 일하고 있었다. 어느 날 공장에서 입은 작은 상처가 악성 화농성 질환이 되어 결국 입원을 하게 되었다. 그때 같은 병실에 '노모토상(農本さん)'이라는 조선인이 있었다. 이 사람은 하리마조선소(播磨造船所)에 징용으로 연행되어 온 많은 조선인 노동자 중 한사람이었다.

나에게 그 병원 생활은 상처의 통증과 치료의 고통보다는 다음과 같은 사건이 머리에 남아 있다. 병간호하러 오신 어머니에게 부탁하여 책을 한 권 샀는데 제목이 『히노마루 소년의 죽음(日の

페이지
24-32

필자
구와바라 시게오
(桑原重夫, 미상)

키워드
하리마조선소
(播磨造船所),
조선인 노동자,
황민화정책, 민중동원,
국가총동원법,
강제연행

해제자
김현아

丸少年の死)』이었다. 책 속의 그 조선인 소년은 책의 저자인 교사 밑에서 빠르게 일본화된 전형적인 황국소년(皇国少年)이었다. 그런데 감색 표지에 히노마루(日の丸)와 조선 옷을 입은 소년의 그림이 눈에 띄었는지 옆 침대에 자고 있던 조선인 '노모토상'이 그 책을 발견하고는 나에게 빼앗아가 읽고 매우 화를 내었다.

일본이 조선에 대해 어떤 것을 했는지, 예를 들면 왜 하리마조선소에 조선인 노동자가 많이 있는지, 그들이 어떤 기분으로 일하고 있는지, 왜 '탈주'가 끊임없는지, 관청에 속아 거의 '인신매매'와 다름없이 일본에 연행되어 온 것, '황민화 정책' '창씨개명'의 배후에서 조선의 민중이 얼마나 고통스럽게 생활하는지 등 그때까지 몰랐던 것들을 많이 듣게 되었다. 나는 당시의 일본인이 전혀 몰랐던 사실을 접하고 큰 충격을 받았다.

'노모토상'을 병간호하는 그의 부인은 언제나 한복을 입고 있었다. 그리고 어지간한 일이 아니면 일본어를 사용하지 않았다. 그것에 대해 다른 입원환자나 병문안 손님 그리고 간호사들이 '어째서 저 사람은 저런 옷을 입고 있지요, 기모노(着物)를 입으면 아무도 조선인이라는 걸 모를 텐데' '왜 일부러 눈에 띄게 조선어를 사용하고 그러는지' 등 소곤거리고 있었다. 그러나 그 부인은 완강한 태도를 계속 지켜나갔다. 그러한 일본인의 의식에 대해 확실히 저항의 의지를 보여주고 있는 것 같았다. 1945년 더운 여름날에 이 한 쌍의 조선인 부부와 만났던 체험은 그 이후에도 마음속 응어리로 계속 남았다. 그것을 정말로 이해하는 데에는 그로부터 20년의 세월이 필요했다.

나는 1926년 태생으로 1940년 14세 때부터 소년공으로 노동자 생활을 시작했다. 그 무렵은 국가총동원법이 공포되고 노동계도 파시즘적 민중동원에 재편되고 있는 시기였다. 당시는 군국주의 일색으로 '의용봉공(義勇奉公)'의 생활을 하고 있었던 것처럼 생각되지만, 실태는 의외로 그렇지 않았다. 노동계도 표면적으로는

'산업보국(産業報国)'에 통합되었다고 할 수 있는데 실태는 그 사상으로 통일되었던 것은 아니었다. 특히 시골의 공장에서는 이전에 사회대중당(社会大衆党)이나 노농당(労農党)에 속해 있던 사람이 '징용 기피'로 취직을 하고 있어 그런 사람의 영향으로 시국을 비판하는 노동자의 의식이 서민들 사이에 존재하고 있었다. 그래서 '아시아태평양전쟁'이 한창일 때도 '증산'을 위한 휴일반납 및 노동력 강화에 대해서는 스트라이크나 태업과 같은 일이 몇 번인가 일어났다.

이러한 전쟁 중에도 전쟁을 비판한 의식적인 노동자가 있었다는 것을 '전쟁 중의 사소한 저항'이라고 평가할 생각은 없다. 오히려 조선의 민중과 조선인 노동자에 대해 어떤 의식을 갖고 있었는지를 비판해야 한다고 생각한다. 말하자면 자신이 전쟁에 가서 죽거나 중노동으로 힘든 일을 하게 되면 싫지만, 일본이 아시아를 침략하는 것은 나쁘다고 하는 의식으로 이어지지 않았다. 자신이 전쟁으로 손해를 입은 것은 싫은데 일본이 전쟁에 이기는 것은 좋다고 누구나 생각하고 있었다. 그래서 자신은 손해를 보지 않은 장소에 있기 위해 때로는 국가의 정책을 비판하지만, 그것이 침략당하는 측의 아픔으로 연결되지 않았다는 것이다. 즉 조선의 민중과 강제연행 등으로 우리 가까이에 있던 재일조선인 노동자가 조금도 눈에 들어오지 않았고 연대 또한 전혀 없었다. 나는 그 사실을 전전의 노동자 의식의 가장 중대한 결점이었다고 보고 그중 한 사람으로서 스스로 심각하게 받아들여야 한다고 생각한다.

특집 : 조선인관을 생각한다
식민지지배자의 조선관
[特集 : 朝鮮人觀を考える] 植民地支配者の朝鮮觀

가시무라 히데키는 도쿄대학을 졸업하고, 일본 가나가와대학 교수를 역임했다. 일본의 조선근대사연구의 선구자이며 조선연구회 발족 시부터 참여하였고, 재일한국, 조선인사연구에도 많은 활동을 하여 조선사연구 발전에 공헌한 바가 크다. 저서로는 『조선에서의 자본주의의 형성과 전개(朝鮮における資本主義の形成と展開)』,『조선사: 그 전개(朝鮮史: その展開)』,『조선사의 구조와 사상(朝鮮史の枠組と思想)』 등이 있다. 저자는 전후 일본 사회의 조선인, 재일조선인에 대한 차별과 편견은 공교육에 의한 식민사관이 공공연하게 만연하는 데 있다고 비판의 목소리를 내고 있다.

1910년부터 1945년 8월 15일까지 일본은 조선을 식민지로 지배하였다. 그런 관계 속에서 많은 일본인은 조선인을 만나고 생각하며 조선에 대해 고정된 이미지와 자세를 형성하고 있었다.

패전 후 30년 이상이 지난 현재 그런 오래된 이야기를 다시 꺼내는 것은 의미가 없다는 의견도 있지만 절대 그렇지 않다고 생각한다. 식민지지배하의 관계를 직접 체험해 온 사람들이 점점 적어지고 있지만, 그 과정에서 형성되고 고정화된 조선관이 무의식적으로 계승되어 계속 재생산되고 있기 때문이다. 문제는 단순히 '부모의 부채를 자식이 물려받는다'라는 식의 민족적 책임론만 있는 것이 아니라 현재의 우리가 살아가는 방법의 문제인 것이다.

페이지
33-41

필자
가시무라 히데키
(梶村秀樹, 1935~1989)

키워드
조선관,
식민지지배자,
식민지배의 정당화·
합리화,
관습적·타성적 사고양식,
계승·재생산, 일본 사회

해제자
김현아

사실은 전전에 형성된 차별적인 고정관념이 어떻게 전후에 계승되고 재생산되고 있는지의 구체적인 상태는 아직 충분히 해명되어 있지 않다. 그러나 대충 두 가지 경로를 생각할 수 있다. 그 하나는 식민지통치를 합리화하고 관철하기 위해 권력자가 고의로 멸시하여 만들어 낸 조선의 상(像)에 대한 '위'로부터의 '교화'이다. 교육과 언론의 모든 영역에서 이 관념의 대량적인 침투가 영향을 미쳤다.

또 하나는 개인적 차원에서 조선인과 서먹한 만남의 체험인 소위 '아래'로부터의 전파이다. 체험의 전파라기보다 조건반사적으로 대응하는 방법 내지는 자세의 전파라고 하는 쪽이 훨씬 정확할 것이다. 본래 부당한 지배나 차별에 대한 반격인 것을 오로지 상대측의 문제인 것처럼 말하면 불신의 틈은 커져만 간다. 불신의 첫째 원인이 자민족 측에 있는 것을 잊고 오직 상대의 '민족성'을 왈가왈부하는 것이다. 이러한 자세는 실제로 현재에도 적잖이 존재하고 있다.

전후에는 이러한 두 요소 — 교육으로 침투된 편견과 무책임한 인상 비평적 차별감정 — 이 하나로 융합되어 입에서 입으로 전해지면서 추상화되고 광범위하게 사회적으로 유포되었다고 생각할 수 있다. 이러한 상황 속에서 새삼스럽게 식민지지배자의 조선관을 문제시하는 것은 현재의 차별적인 고정관념의 원천을 해명하기 위함이지만 그것뿐만 아니라 누가 봐도 명백한 편견이 극한적인 양상을 보여주고 있기 때문이다.

식민지지배자의 조선관을 인식의 차원에서 요약하면 지배의 정당화·합리화를 위해서 ① 조선 민족의 모든 것을 뒤떨어진 무가치한 것으로 말하는 것 ② 일본의 우월성을 강변하는 것 등으로 구성된 인식체계였다. 이것을 자세 차원에서 실정을 보면 ① 일부러 강한 체하기 ② 고압적인 기만 ③ 우월한 입장에서의 자비 ④ 징계에 의한 공포 등이라 할 수 있다.

이러한 자세는 전전에는 분명히 재일조선인의 일상에서 일반사회로까지 전파하고 있었다. 그리고 전후에도 관습적·타성적 사고 양식으로서 광범위하게 계승되었다고 볼 수 있다. 물론 전후에 조선이 분단된 상황이었지만 독립 국가가 되었던 것을 비롯하여 상당히 큰 객관적 관계의 변화가 보이고, 어느 정도의 '반성'이 확대되는 것을 보여주면서도 엉거주춤함이 뒤섞인 것 같은 상황조차 일어나고 있다. 그러나 습관적·타성적 사고의 힘을 심층에서 역전시킬 정도의 역학관계는 아직 실현되지 않았다. 그러한 과정에서 왜 그런 자세를 취하게 되었는지 자각하지 못한 채 조선인에 대한 관습적인 자세를 계속 취하고 있다.

식민지지배자의 조선관은 현재 일본 사회에서 일정한 현상적 변형을 수반하면서도 관습적·타성적 사고 양식으로 계승·재생산되고 있다고 보아야 할 것이다. 그것은 인식의 차원에서 보면 식민지 지배를 정당화·합리화하는 형태에서 일본=조선을 선진=후진 관계로 고정하여 관념하는 형태로 변화하고 있다.

이에 대항하기 위해 실천의 장에서는 긍정적인 인식과 자세를 창조하는 노력이 지향되어야 한다. 그래서 우리는 백지의 내면세계에 대항하는 것이 아니라 식민지지배자의 조선관을 역전시키는 작업을 해야 한다는 각오를 할 필요가 있다.

문학으로 보는 일본인의 조선인상 -『조선가집』의 빈곤 -

[特集 : 朝鮮人観を考える] 文学にみる日本人の朝鮮人像―『朝鮮歌集』の貧困―

페이지
53-59

필자
다카사키 류지
(高崎隆治, 1925~)

키워드
조선가집(朝鮮歌集),
와카집(和歌集),
조선인관, 재일조선인,
피지배민족,
제국주의 국가권력의
국민교육

해제자
김현아

다카사키 류지는 일본전쟁연구가로 일본 호세이(法政)대학 문학부 국문과를 졸업하였으며, 재학 중에 학도병으로 동원되었다. 전쟁을 소재로 한 작품을 잡지에 게재하거나 강연 등의 활동을 하고 있다. 1996년에는 인문과학연구협회 연구장려상을 수상하였고, 저서로는 『전시하의 저널리즘(戰時下のジャーナリズム)』, 『전시하 하이쿠의 증언(戰時下俳句の証言)』, 『전장의 여류작가들(戰場の女流作家たち)』 등이 있다. 이글에서 필자는 조선가집(朝鮮歌集) 속의 와카(和歌)작품들이 조선을 어떻게 그리고 있는지를 살펴보고, 조선에 대한 묘사가 전혀 되지 않았음을 지적하고 있다. 이유 중의 하나로 와카작가들의 조선관에 대한 사상적 태도를 논하였다.

나는 지난 2년간 소와(昭和) 시기의 단가(短歌)작품을 통독했다. 그 대부분은 전전(戰前)·전중(戰中)의 작품이라 당연히 식민지와 점령지에서의 작품이 많고 조선에서 간행된 단가잡지(歌誌)와 와카집(和歌集)도 적잖이 포함되어 있었다. 그런데 조선에서 간행된 단가잡지와 와카집에는 무엇보다 필요한 조선 색이 매우 희박하였다. 조선의 자연을 제외하면 조선을 느끼게 하는 것은 어느 것 하나도 대상화되지 않았다.

물론 와카집이라는 문학 형식은 자연을 관조하는 것과 개인의 내면을 표현하는 주제가 주요 영역이므로 거기에 조선의 풍속과 조선인의 생활이 시가의 소재로 선택되지 않았다는 것만으로 판가름할 수 없는 일이다. 그러나 조선에서 살면서 생활하는 사람들이 조선인의 생활과 조선의 현실에 관심이 없었다는 것인데 도대체 어찌된 일인가. 나는 단가를 모으며 몇 번이고 생각했다. 그 결론을 말한다면, 조선인은 일본인에게 좋은 존재라기보다는 최하급의 일본인이라는 의식이 재조선일본인 특히 와카를 만드는 작가의 의식에 항상 표출되어 있었던 것은 아닌가라는 생각이 들었다.

소장하고 있는 『조선가집(朝鮮歌集)』〈1934년·조선가화회(朝鮮歌話会) 간행〉을 보면 수록된 73명의 작품 약 1200여 수 중에서 조선인을 소재로 선택한 것은 불과 30수에도 미치지 않는 소수에 불과하다. 거기에는 조선의 자연을 읊고 있어도 조선의 풍속이나 모습은 없다. 이들 와카로 조선, 조선인에 대해 도대체 무엇을 알 수 있을까. 아무것도 알 수 없다. 단가라는 짧은 형식의 시문학이라는 핑계도 가능하다. 하지만 근본적으로는 대상의 선택과 그것에 대한 깊은 관심, 그리고 그것을 지탱하는 작가의 사상과 태도, 또는 조선인관에 큰 원인이 있다고 나는 생각한다. 즉 일본인=와카(和歌) 작가의 사상적인 궁핍과 감각의 빈곤이 드러났다고 말하지 않을 수 없다.

정직하게 말하자면 전전·전중에 일본인이 조선 또는 조선인을 이해하는 것은 지극히 어려운 일이었을 것이다. 물론 그것은 제국주의 국가의 국민교육의 결과인 것은 말할 필요도 없지만, 일상적으로 조선인과의 접촉을 갖지 않는 사람들에게 그런 국민교육은 치명적이었다고 할 수 있다. 분명히 소와 시기에 재일조선인 수는 100만을 넘었기 때문에 조금이나마 접촉을 가진 일본인 수는 적지는 않았을 터이다.

하지만 지배민족과 피지배 민족이라는 지극히 불행한 관계 하에서 극히 짧은 시간의 접촉에 기대할 수 있는 것은 무엇이 있었을까.

한 민족을 이해하기 위해서는 그 민족이 태어나고 자란 기후·풍토 속에서 독자적인 생활과 습관을 지닌 사람들과 관계되지 않으면 완벽한 모습을 제대로 파악하는 것은 불가능에 가깝다. 재일조선 인을 보고 이것이 조선인이라고 믿어버리는 것은 너무 경솔한 것 이다.

그러나 과거에 무수의 일본인이 조선에 거주하며 조선의 풍속 ·습관·도덕 등에 관해 알 기회가 있었지만 무엇 하나 이해도 없이 끝나버린 일은 몹시 유감스럽다고 밖에는 할 말이 없다. 일본인이 조선을 조선인을 알려고 하지 않았다는 것은 『조선가집』한 권을 보더라도 분명하다. 지배와 피지배의 관계는 서로 상대의 실상을 오인시키는 경향이 있다. 과연 오늘날 차단되고 폐쇄된 관계 속에 서 이러한 인식을 어느 정도 깨닫고 있는가를 생각해 볼 때 여전히 35년 이전, 혹은 71년 이전의 상태 그대로 계속 머무르고 있음에 틀림없다.

온돌방
おんどるばん

매호에 깊은 감명 니시무라시(西宮市) · 가와우라 단지로(川浦丹二郞) · 회사원 · 32세

1978년 가을에 『계간삼천리』 12호를 읽은 지 이미 2년이 지났다. 그때 하룻밤에 전부 읽어 버렸다. 아니, 읽지 않을 수 없었다. 그 정도로 깊은 감명을 받았다. 그러나 그때의 충격과도 같은 느낌을 매호 새로이 받고 있다.

그 후 조선어 공부를 시작했는데 날이 갈수록 조선에 관한 관심도 높아지고 있는 것 같다.

두 분 선생님에 관해 가나자와시(金沢市) · 오타 쇼(太田敏) · 회사원 · 49세

제23호는 신기하게 나의 모교, 경성 서대문소학교의 두 분 선생님이 등장하고 있어 한층 흥미롭게 읽었다. '가교'에 '36년간의 추억'을 쓴 스토 노보루(須藤宣) 선생님과 다카사키 소지(高崎宗司)가 쓴 '아사카와 노리타카(浅川伯教)와 조선의 문화'에 등장하는 이시카와 노리타카 선생님이다. 두 분 선생님은 내가 입학했을 때 (1937년) 계시지 않아 가르침을 받은 적이 없다. 그러나 아사카와 선생님의 남동생인 아사카와 타쿠미(浅川巧) 씨의 유족 분이 같은 마을에 계시고 게다가 동료였던 벳부(別府) 선생님이 자주 노리타카 선생님에 관해 이야기를 해주셔서 관심이 있었다. 벳부 선생님께 노리타카 선생님에 관해 언젠가 자세히 듣고 학교의 역사와 관

페이지
254-256

필자
독자

키워드
조선어, 장한몽, 김대중사건, 재일조선인, 조선인문제, 교키(行基)

해제자
김현아

련하여 실으려고 생각하고 있다.

그리고 광주 사건에 관한 여러 기사는 가슴 아프게 읽었다.

'장한몽(長恨夢)'의 자료를 알고 싶다 요코하마시(橫浜市)·나카가와 치하루(中川千春)·학생·19세

한국에 다녀왔다. 계엄 국가의 긴장을 '체감'하려고 갔었는데 의외로 조용했다. 특히 일본의 젊은이가 생각하는 한국에 대한 인상이 얼마나 노후화된 것인지 무엇보다 강하게 생각하게 되었다. 무엇이든 보고, 듣고, 먹고, 마시고, 느껴보려 하였기 때문에 내 나름대로 조선인의 생활을 알 수 있었다고 생각한다.

1913년 무렵 『매일신보』에 연재되었던 '장한몽'이라는 소설에 관해 자료를 찾고 있다. 이 소설은 사실 오자키 코요(尾崎紅葉)의 '콘지키야샤(金色夜叉)'를 번안한 것인데, 당시의 사람들에게 널리 사랑받았던 것에 비하면 현재는 잘 알려지지 않았다. 참고문헌, 연재에 얽힌 에피소드, 당시의 독자 반응 등을 알고 계시는 분 있으시면 알려주세요.

조선을 안다는 것의 의미 닛코시(日光市)·도하라 미쓰마사(都原光政)·자영업·33세

계간 삼천리 23호를 읽고 놀라움과 당혹감, 그리고 초조함을 느끼고 있다. 김대중사건을 비롯해 일본과 한국의 관계는 조선의 역사를 모르고는 이야기할 수 없는 문제라는 것을 알게 되었다. 적어도 조선어를 읽을 수 있도록 하기 위해서 공부를 막 시작했다.

그건 그렇다 하더라도 가장 가까운 나라인데 기본적인 것조차 이해하지 못하고 있는 것은 당연히 내 자신의 문제의식이 부족한 데 원인이 있다. 하지만 지금까지 조선에 관한 공부를 하지 않았던 것에 대한 억울함도 있다.

장군(張君)과의 나날 스이타시(吹田市)·다카바타케 코이치로(高畠耕一郎)·중등교원·30세

현재 나는 재일조선인 2세인 학생을 담당하고 있는 중학교 교사이다. 그는 이 학교에서 처음으로 본인의 이름으로 통학하고 있는 아이인데 그 '장군(張君)'을 담당하면서 매일 어떻게 관여해야 하는지 나 자신에게 물으며 일상의 교육실천에 노력하고 있다. 이러한 시기에 접한 24호의 특집 '지금 재일조선인'은 새삼스레 학습하는 장이 되었다.

학급 활동 중에 그에게 재일조선인으로서의 생활체험을 듣게 되었는데 그 '중요함'과 '중대함'에 학생 이상으로 감동을 하게 되었다. 재일조선인 자제를 담당하면서 일본인 자제에게 '조선문제'를 어떻게 배우고, 생각하게 할 것인가가 지금 나에게 주어진 숙제라고 생각한다.

큰 역할 아이치현(愛知県)·이소가이 치로(磯貝治良)·평론가·42세

나의 지인으로 정시제 고교의 교사를 하는 청년이 있는데 학교 소재지가 나고야시 미나미구의 조선인 거주자가 많은 지역이다. 그는 조선인 자제가 학급에 많아 일상적으로 만나면서도 '재일조선인'에 대해 잘 모르겠다고 한탄하고 있다. 그래서 『계간삼천리』 24호를 소개했더니 당장 서점에서 구입해 특집을 읽고 '매우 공부가 되었다. 그들에 대해 얼마나 모르고 있었는지 교사 입장에서만 안주하고 있었는지 통감했다'고 말했다. 이 잡지는 이처럼 큰 역할을 하고 있다.

교육실천 속에서 다카라즈카시(宝塚市)·오구치 다다오(大口忠男)·교원·36세

내가 근무하는 중학교에는 많은 재일조선인 학생이 있다. 그들에게 '민족의 자각과 긍지'를 갖게 하는 노력이 학교 전체 규모로

추진되고 있다. 2학기부터 시작한 '조선인 문제의 학습'은 학생들에게 처음으로 계통적인 학습을 하는 만큼 큰 반응을 불러일으키고 있다. 우리 교사들에게도 '교육실천으로서의 조선인 문제'이기 때문에 그들을 포함한 학생들과 우리 교사들에게 상호 자극이 되어 충실감을 느끼면서 교재연구에 분주하다. 이런 노력 속에서 야마토 조정(大和朝廷) 성립의 '이전'과 '성립기'에 있어서의 고대조일관계사(古代日朝関係史) 및 도래인(渡来人)·귀화인(帰化人) 논쟁에 흥미를 갖고 알게 되었다.

이 잡지에 연재되었던 '교과서 속의 조선'을 비롯해 미야자와 가즈후미(手崎和史) 씨의 '고대사를 어떻게 가르칠 것인가'(13호), 다케토미 타다오(武富端夫) 씨 등의 '"교과서에 기술된 조선"을 읽고'(19호), 다케토미 타다오 씨의 '개정 교과서의 일본과 조선'(24호), 교과서 연구그룹의 '소학교 교과서의 조선상'(14호) 등은 실로 큰 도움이 되었다. 이 잡지에서 얻은 지식이 교육실천 과정에서 정말로 육체를 가진 '생명'이 될 수 있었다. 나와 학생들의 '생명'이 환류하여 지금 너울거리고 있는 것을 기뻐하고 싶다.

교재연구에 활용 이바라키시(茨木市)·마루야마 주이치(丸山寿一)·초등교원·48세

수년 전부터 외국인교육 = 재일조선인교육의 교재연구와 개인적인 연수에 이 잡지를 활용하고 있다.

김달수(金達寿) 씨의 '교키의 시대(行基の時代)'를 매회 재미있게 읽고 있는데 회를 거듭할 때마다 교키라는 인물이 재주가 많고 인간다움에 존경과 친밀함을 느끼며 특히 제23호의 '변용'에서는 이즈미(和泉)의 스에키(須恵器) 생산자를 위한 다이스에인(大修恵院), 이즈미의 토목공사, 가와치(河内)의 하지(土師) 씨와의 관계 등 흥미 깊게 읽었다.

도다이지(東大寺) 절의 락케이법요(落慶法要)가 있었던 직후 5

학년 때 소풍으로 나라(奈良)에 갔다. 긴테츠나라(近鉄奈良駅)역 앞 광장의 분수 옆에 있는 교키의 동상에 대해 아동들에게 '이것은 조선, 백제계 도래인의 자손 교키이다'고 설명하면 어린이들은 '에 ―'라고 하는 듯한 얼굴로 놀란다. 향후 '일본 속의 조선문화'를 이 와 같은 형태로 소개하고 조선에 대한 친근감과 올바른 조선관을 육성하려고 생각하고 있다.

그리고 잡지 24호의 '전후 36년째의 재일조선인' 속에서 강재언 씨가 전후 36년, 전전 35년간의 역사를 되돌아보며 현 상황의 분석 과 '재일'의 의미를 설명해 주었는데 직원연수 자료로 크게 활용하 고 있다. 논설 중에서 역설되고 있는 재일조선인의 2세·3세에게 조국이 멀어지고 민족의식의 풍화가 진행되고 있는 것, '조국 통일' 이 '해외 공민으로 살아가는 기쁨과 긍지를 주고, 일본인의 조선관 도 근저에서 부터 바뀌게 하는 위력을 가질 것이다'라고 서술되는 하나의 설에 공감하고 있다. 그리고 또한 그 통일의 진정한 힘이 될 수 있는 것이 재일조선인의 '창조적인 위치'에 있는 강대함이라 고 논급되고, 4페이지에 걸친 '국제적 영향' '등거리에서 보는 조 국' '국제적 시야에 서서' '일생 생활의 관련'을 설명하고 있다.

민족의 주체적·태동적 작용이 앞으로 자이니치(在日)의 과제이 기 때문에 교직에 있는 자로서 어떻게 대응해가면 좋을지 생각하 고 있다. 직접적인 운동에 참여할 수 없어도 민족주체성을 지탱하 고 민족차별에 주체적으로 대항하는 아동으로 육성하는 것이 우리 에게 부과된 책무라고 생각하며 '외국인 교육'에 유용하려고 생각 한다.

공화국도 다루어 주세요 후지시(富士市)·가토 하루(加藤はる)·주부·57세

한국에 관한 것은 24호에도 김대중 씨 사형판결 등이 다루어지 고 있는 것처럼 지금까지도 많이 있었지만, 조선민주주의인민공화 국에 대한 내용은 적은 것 같다. 정보가 적은 것도 있겠지만, 그렇

다 하더라도 충분하지 않다고 생각한다. 앞으로 적극적으로 채택해 주기를 바란다. 소위 공식적인 '찬미'나 '반공'이 아닌 민중의 눈으로 본 진실의 추구를 기대한다.

영문의 타이틀을 이와쿠니시(岩国市)·와타나베 마사하루(渡辺正治)·교원

한국 내에서 언론이 봉쇄되고 있는 때인 만큼 이 잡지의 효과를 기대한다. 일본 국내뿐만 아니라 북미, 유럽에도 관심이 있는 사람이 있을 수 있으니까 세계적인 시야를 가지고 편집이 확충되는 것을 희망한다.

가능하면 책의 맨 끝에 영문으로 타이틀이라도 넣어주면 해외 도서관에서도 주문이 많아지지 않을까 생각한다. 예를 들면 캐나다, 로스앤젤레스 등에서는 모국어로 말할 수 없는 코리안 3세가 있으므로 그 사람들에게도 관심을 불러일으킬 수 있다고 생각한다.

편집을 마치고
編集を終えて

'불가측성' '불투명성의 시대'라고 말들 하고 있는데 작년 조선에 대한 정보는 모두 어두운 것만 있었다. 냉전사고(冷戰思考)에 의한 권력의 고집스런 대책이 '민족통일'에 대한 여정을 불투명하게 하여 더욱 험난해지고 있다.

나는 통일을 바라면서 작년에 타계한 두 명의 재일조선인의 말을 기록해 두어야 한다. 그 중 하나는 두 아들의 석방을 바라면서 9년 동안 60회나 조국의 감옥에 줄곧 다녔던 오기순 씨가 병상에서 말한 '소원'이다. '아무래도 그렇지요, 통일되면 예 - 국가이지요. 그리고 아무리 가난해도 자신의 국가는 역시 사랑할 수 있다고 생각하고' '아무리 힘든 일을 당해도 조선인은 조선인이지요. 석방되더라도 조선을 외면하지 말고, 노력해서, 정직하게 살아가기를 바란다'.

또 하나는 20년 전에 북쪽 공화국으로 돌아간 장남과의 재회를 기대하고 있었던 한 노인이 가족에게 남긴 말이다. '○○ (장남의 이름)도 만나지 못하고, 고향 (경상남도)의 친척도 만나지 못하고 유감이다. "통일"을 믿고 왔던 것이 가망이 없었던 일이었을까'.

해가 질 무렵에 도착한 노인의 차남에게 온 편지에는 '아버지의 삶은 잘못된 것이었을까요'라는 글이 있었는데, 답장을 쓸 수 없어 해를 넘기고 말았다. 명복을 비는 것 외에 쓸 말이 없었기 때문이다.

페이지
256

필자
이진희(李進熙)

키워드
민족통일, 재일조선인, 소원, 조선인, 국가

해제자
김현아

1981년 여름(5월) 26호

페이지
14-18

필자
기시노 준코
(岸野淳子, 1930~1985)

키워드
가네코 후미코,
부강(芙江),
『무엇이 나를 이렇게
만들었는가』,
부강심상소학교,
이와시타 게이사부로

해제자
서정완

기시노 준코는 사이타마현(埼玉県) 출신이다. 산케이신문사에 입사하고, 문화부 기자를 지냈다. 대학 시간강사에 종사하면서, 번역과 문필 활동을 했다. 사상의 과학연구회 회원으로 활동하고, 도리쓰대학(都立大学)의 오자와 유사쿠(小沢有作) 교수의 수업을 들으며 재일조선인 문제 연구에 종사한다. 주요 저서로서는 『잊혀진 비행소년(忘れられた非行少年)』, 『비행소녀(非行少女)』, 『자립과 공존 교육(自立と共存の教育)』 등이 있다. 이 글은 가네코 후미코의 고향인 부강을 방문한 내용을 기술하고 있다.

1978년 여름이 끝나갈 무렵, 아침 7시 25분 서울역에서 부산으로 향하는 급행을 타고 조치원에서 보통열차로 환승하여 부강(芙江)에 도착한 것은 9시였다. 사람이 없는 홈에 내린 것은 동행한 미국인과 나뿐이었다. 일본 시골 역과 어딘가 닮은 것 같기도 했다. 역 개찰구 옆에 태극기가 날리고 있었고, 그곳을 나와 보니 역사(驛舍) 정면에 '충효'라는 두 글자가 쓰여 있었다. 나는 역 앞 광장에서 점포들이 나란히 줄지어 있는 것과 저편에 우뚝 서 있는 산을 바라보았다. 나는 네 번째의 한국 방문인데, 부강은 처음으로 『무엇이 나를 이렇게 만들었는가』를 집필하고 옥사한 가네코 후미코가 아주 먼 옛날(1912년-1919년) 어린 시절을 보냈던 그 곳에 온 것이다. (나는 그녀의 전기를 쓰고 싶다고 생각하고 있었다)

내가 이 부강에 오기 전에 요코하마시(橫浜市)에 사는 마쓰야마 대루오(松山輝夫) 씨가 이 마을의 지도를 그려주었다. 70살이 넘은 마쓰야마 씨는 1년 전에 이곳을 방문했었는데, 더 거슬러 올라가 60년 이상 이전에 이곳에서 소년 시절을 보낸 가네코 후미코와 같은 초등학교를 다닌 사람이었다. 현재의 부강의 조감지도 뒷면에 이전의 식민지 마을의 모습이 베어 나오는 듯한 장치가 있는 지도를 그려주었던 것이다.

현재의 부강국민학교는 학생 수가 1500명, 대부분이 농민의 아들이었고 농촌 학교치고는 규모가 컸다. 교장선생님은 책장에서 두 권의 책자를 꺼냈다. 『부강송립소학교 학교연혁지』와 『부강연혁지』였다. 『부강송립소학교 학교연혁지』에 의하면 충청북도 문의군(文義郡) 부강심상소학교는 1908년(메이지〈明治〉41년) 6월 창립, 10월부터 부강일본인회 사업으로서 교사 건설에 착수했고, 비용은 총독부에 보조금을 받았고 나머지 부족한 금액은 일본인회가 기부금을 모집해서 충당했다. 준공은 1909년 여름, 9월부터 새로운 교사에서 수업을 개시했고, 취학아동수는 1908년에 17명, 1909년에 22명, 한일병합 시기 1910년도에는 31명이었다. 가네코 후미코가 이 학교에 전학해 온 것은 1912년이었다. 1905년 일본인 거주자는 20호, 역 앞에 운송점, 꽃집, 여관을 개업했다. 1906년 일본인이 증가하여 33호가 되었다. 가을에는 홍수가 있었는데, 다리가 무너져서 기차가 다니지 못하고, 부강 시장은 5일간 물에 가득 찼었다는 기술도 엿보인다. 이때 사람들을 위해 애쓴 것은 철도 기사(技士) 이와시터 게이사부로(岩下敬三郎)였다. 나는 여기까지 읽고 생각이 났다. 이와시타 게사부로는 틀림없이 가네코 후미코의 외촌이었고, 그녀는 처음에 이와시타 집안에 양녀로 들어왔었던 것이다.

만세 사건을 경계로 눈에 띄게 변한 것은 일본 관헌의 조선인에 대한 태도였다. 헌병이나 경찰을 보면, 무섭다라며 도망쳤는데, 조선인이 자주 역 근처 헌병 분견소에 붙잡혀서 가서 채찍을 맞거나 발에 차이는 것을 보았다고 한다. 그렇지만 이 사건 이후에는 최 씨의 말에 의하면 그들의 태도가 부드러워졌고, 내선일체가 강요 되고 조선인 중에서도 일본 소학교에 들어가는 아이들이 늘어났다 고 했다. 더 이야기를 듣고 싶다는 생각에도 일단 중지하고 어두워 지기 전에 나는 학교 뒷산에 올랐다. 플라타너스 나무들 저편에 거울 같은 금강이 흐르고, 산봉오리들이 겹쳐져 보였다. 결코 행복 하지 않았던 어린 시절의 가네코 후미코에게 진정한 편안함과 생 명의 근원을 준 자연 속에 나는 잠시 말을 잊고 서 있었다.

가교
김 씨의 눈물
[架橋] 金さんの涙

우에하라 다다미치는 도쿄대학 교수이다. 1942년 제1고등학교를 졸업하고 도쿄대학(東京大学) 문학부 동양사학과에 입학한다. 이후 1943년부터 1945년까지 학도병으로 종군했다. 1948년 도쿄대학을 졸업하고 대학원에 진학했다. 1953년 도쿄대학 교양학부 전임강사에 임용되고 1955년 조교수를 거쳐, 1967에 교수가 된다. 이후 간토가쿠인대학(関東学院大学) 교수를 역임했다. 이 글은, 전쟁 시기 군부대에서 만났던 '김 씨'라는 조선인의 일을 소개하고 있다.

나는 김 씨라는 사람의 이름을 기억하고 있는데, 여기서는 김 씨라고만 적어 둔다. 김 씨와 내가 함께 생활한 것은 1945년 4월부터 8월까지로 일본의 패전까지 약 5개월 정도였고, 장소는 '대일본제국 육군'의 한 부대에서였다. 흔히 말하는 학도병 출진으로 소집된 나는, 1943년 12월 이래 계속 시코쿠의 가가와현에 있었던 보병부대(연대)에 있었다. 나는 그때부터 김 씨를 알고 있었던 것은 아니다. 김 씨와 나는 서로 다른 부대에 있었는데, 부대가 같더라도 서로 다른 중대에 있었다. 그건 그렇다 치더라도 45년 4월부터 고치현 해안을 방어하기 위해(미군의 상륙이 예상되었다) 새로 편성된 사단 속에 같은 연대에 전속(轉屬)되어, 같은 대대 본부에 들어가게 되었다.

페이지
18-21

필자
우에하라 다다미치
(上原淳道, 1921~1999)

키워드
학도병, 레지스탕스, 징병, 투사

해제자
서정완

김 씨는 이름을 일본식으로 바꾸지 않고 '김'으로 통하고 있었기 때문에 그가 조선인이라는 것은 누구라도 쉽게 알았다. 김은 조선어로 읽으면 김(기무)이고 일본어로 읽으면 '긴'인데, 그는 김도 아니고 긴도 아닌 곤이라고 읽었다. 상관들이 그를 긴이라던가 김 상병이라고 부르면 그는 그때마다 '나는 곤이다'라고 정정했다. 상관들로부터도 부하들로부터 정정해도 본인의 이름의 읽는 법에 관한 것이어서 반항했다고 화를 내지 않고 '아 그랬구나'라고 말할 뿐이었다. 동료 일본인 병사들은 공식적 경우 이외에는, 모두 그를 '곤'이라며 '씨'를 붙이지 않고 부르고 있었다. 친근함의 표시였다.

일본인 중에도 성을 김이라고 적고 '곤'이라고 읽는 사람이 있다. 지금 생각해 보니 김 씨는 이름을 일본식으로 바꿀 것을 강요당했어도 바꾸지 않고 게다가 필요 없는 마찰이나 박해를 피하기 위해 일본인 속에서도 그렇게 읽는 사람이 있는 '곤'으로 '읽는 방법만 바꾼 것'은 아닐까. 만약 그렇다고 한다면 이것은 매우 기묘한 유연한 레지스탕스, 아무에게도 레지스탕스라고 보여지지 않지만 실은 레지스탕스가 아니었을까.

일본은 패전이 결정되자 조선인 병사를 가장 먼저 귀향 시켰다. 그것은 연대나 사단 레벨이 아니라 상부의 방침이었다. 보복을 두려워한 조치였을 수도 있다. 조선인 병사들이 연대본부에 모여 제대 귀향을 건네받았을 때의 모습을 목격한 일본인 병사로부터 나는 다음과 같은 이야기를 들었다. '젊은 병사들은 모두 함성을 지르며 기뻐했는데, 김 씨 만이 울고 있었다'고 한다.

김 씨가 기뻐서 울었는지도 모른다. 다소 친근감을 느낀 일본인 병사와의 이별이 슬펐는지도 모른다. 그러나 나는 다른 해석도 가능하다고 생각한다. 김 씨는 지금부터 조선에 돌아가, 조선인 사회로 돌아가는데 제국주의 일본의 군대에 징병되었다고 한다면 다르지만, 지원해서 들어왔다고 한다면 그것은 뭐라 해도 민족의 배신인 것이다. 자신은 혼자서 레지스탕스를 레지스탕스라고 여겨지지 않는 교묘한 레지스탕스가 되어, 일본인 병사 몇 명을 조선인 측으로 끌어들였는데, 그것은 조선인에게 이해받지 못할 것이다. 레지스탕스의 투사의 한사람이면서 배신자라는 오명을 뒤집어쓰고 살아가지 않으면 안 된다고 김 씨는 생각한 것은 아닐까. 이렇게 상상하면 김 씨가 울었던 의미가 조금은 알 것 같은 기분이 들기도 한다.

가교

그림자를 잃어버린 남자
[架橋] 影を失くした男

페이지
21-23

필자
고무라 후지히코
(好村冨士彦, 1931~2002)

키워드
마르크스주의,
아델베르트 폰 샤미소,
프랑스 혁명, 그림자

해제자
서정완

고무라 후지히코는, 도쿄도(東京都) 출신이다. 부친은 종교가로 알려진 고무라 하루모토(好村春基)이다. 북중국 선무(宣撫)에 활동하는 부친을 따라 북경에 건너간다. 이후 귀국했고 히로시마고등학교(広島高等学校)에 들어갔다가 학제 개편으로 히로시마대학(広島大学) 이학부에 입학했다. 폐결핵으로 요양 생활을 보낸다. 이후 와세다대학(早稲田大学) 제일문학부 독문과에 들어갔고, 1962년에 졸업하고 대학원에 진학했다. 1967년 박사과정을 퇴학하고, 니혼대학(日本大学) 이공학부 강사(담당, 독일어)로 근무한다. 1970년에 교토대학 교양학부 강사를 지내다가 조교수, 교수를 역임한다. 이후 독일에 건너갔다가 1978년 히로시마대학(広島大学) 문학부 조교수, 교수를 역임하고 1995년 정년을 맞이했다. 이 글은 병원에 입원했던 시기에 만났던 조선인과 있었던 일을 적고 있다. 특히 한 권의 책을 둘러싼 기억에 대해 재해석을 하면서, 새롭게 연대의 의미를 소개하고 있다.

그를 알게 된 것은 거의 25년 전 나는 결핵과 천식으로 스루가다이(駿河台)의 N병원에서 입원하고 있었던 시기였다. 그 이전 해 천식으로 심한 발작 때문에 죽을 뻔한 나는 아우슈비츠의 죄인들처럼 뼈와 가죽만 남은 몸이 되어 유기체로서 가장 밑바닥의 상태였는데, 겨우 조금씩 건강을 되찾는 단계에 있었다. 2년 전에 가족이 이사를 하게 되어 어쩔 수 없이 히로시마 병원에서 도쿄 병원으로 옮긴 나는, 생경의 도쿄도 아직 익숙하지 않았고 친구도 거의 없었다. 그런 고독한 나에게 옆방의 구석에서 혼자 조용히 소설을 읽고 있던 같은 시기의 그와 알게 된 것은 커다란 기쁨이었다.

그가 조선인이라는 것을 알게 된 이후 우리들의 우정은 강해졌다. 우리들은 이전보다 자주 책을 빌려주기도 하며 인생을 이야기했다. 당시 나는 마르크스주의 문학 이론을 읽고 있었고, 그 어설픈 이론을 활용해 읽었던 책들을 재단하며 기뻐하고 있었다. 그는 그런 나보다도 더 어른스러운 감상을 갖고 있었는데, 대국적으로 보아 둘의 생각에는 커다란 격차는 없었다. 그렇다기보다는 두 사람을 공통의 상상으로 연결되어 있었다라고 나는 믿고 있었다.

그는 어느 날 나에게 한 권의 책을 보여주며, '이 책 재미있으니 읽어 봐'라며 건네주었다. 그것은 아델베르트 폰 샤미소(Adelbert von Chamisso)의 『그림자를 판 사나이』라는 제목의 번역서였다. 나는 내 침대로 돌아가 그 책을 대충 읽었다. 나는 조금 후 화가 나서 그에게로 다시 가 그 책을 돌려주며 다음과 같이 말했다. '너는 무슨 책을 나에게 추천해 준 거냐. 이 샤미소는 프랑스의 귀족 출신으로 프랑스 혁명을 두려워해 프랑스를 떠난 게다가 반동적 군주국 프로이센 군인이 된 남자가 아닌가. 게다가 이 소설 내용으로 말하자면, 자신의 그림자를 악마에게 판 것으로 무한의 금화가 나오는 재산을 손에 넣은 청년 이야기라는 전혀 현실과는 동떨어진 이야기가 아닌가. 이런 로망주의 문학이라는 것은 결국 우리들을 사회에 돌려야할 눈을 머릿속에서 만들어내는 판타지 세계로 눈을 돌리게 하여 거짓을 즐기는 것뿐으로 반동적인 유해한 역할을 하는 것이다. 이런 소설을 단지 재미있으니까라며 추천해 준 너는 정말 이상하다. 더 원칙적인 것을 가질 필요가 있다고 했다. 그리고 그 원칙적인 것에 대해 장황하게 설교까지 했다. 말하자면 사회 계급지배 구조를 폭로하는 비판적인 리얼리즘, 민중에 다가

125

갈 수 있는 대중적 형식, 보편성을 가진 전형적 창조 운운, 이라고
했다. 그것에 대해 그는 아무런 항변도 하지 않았다. 단지 쓸쓸한
표정을 지으며 내 설교를 듣고 있었다.

그 후 우리들은, 각자의 생활에 쫓겨 서로 소원해졌다. 나는 다
시 대학 생활로 돌아왔고, 새로운 독일 문학을 전공하게 되어 대학
교원이 되었다. 어느 날 샤미소의 그 작품을 손에 넣어 독일어로
읽었다. 그때 갑자기 이전에 그와 나눈 대화를 생각해 내고, 놀라서
얼굴이 빨개지는 부끄러움을 느꼈다. 이 소설의 주인공은 얼마든
지 금화가 나오는 지갑과 거래로 악마에게 자신의 그림자를 팔아
버렸는데, 그 때문에 그는 많은 고통을 겪게 된다. 그는 그림자가
없다는 이유만으로 시민사회의 어디에도 받아들여지지 않고, 사랑
하는 사람이 생겨도 헤어지게 되고, 그녀가 자신의 눈앞에서 배신
자의 하녀와 결혼시키는 것을 어떻게 할 수 없어 보기만할 뿐이었
다. 그렇다. 그림자를 잃었다는 것은, 샤미소와 마찬가지로 모국을
떠나 국적을 귀속을 잃은 것이 아닌가. 그가 그림자가 없는 주인공
이 겪는 고통에 재일조선인의 경우와 운명을 중첩시켜 읽은 것에
왜 나는 그때 깨닫지 못했을까. 너무 늦은 발견을 나는 후회해도
후회할 수 없는 생각이 들었다.

목소리 높여 '한일연대'를 호소하면서 나는 언제나 부끄러운 생
각이 엄습한다. 이전의 친구에게 그런 행동을 했던 자신이 사람들
앞에서 '연대'를 호소할 자격이 과연 있는 것일까라고 그러나 실현
하고 싶은 진정한 민중적 연대를 만들어내기 위해서는 이러한 부
끄러움을 일부러라도 다 보여주고, 나와 그의 거리 사이에 있는
것을 하나하나 명확하게 하는 작업을 해 가는 것이 필요한 것이라
고 나는 자신에게 혼자말로 이야기하며, 나를 위로하고 있었다.

좌담회
지금 통일을 생각한다

[座談会] 今統一を考える

이 글은 『계간삼천리』 편집위원들이 남북분단 37년을 맞이한 시점에서, 통일의 문제에 대해 대담을 전개한다. 통일을 저해하는 내적요소, 민중 교류 방법, 그리고 '재일'의 과제가 무엇인가를 중심으로 다루고 있다.

이진희 : 일본의 조선 지배로부터 '36년', 지금은 그 지배로부터 해방된지 37년째를 맞이하고 있다. 이는 조선민족이 남북으로 분단된 36년의 세월이 흘렀다는 것을 의미한다. 본 『계간삼천리』의 창간사에서 말했듯이 우리들은 1972년 7.4남북공동성명 정신을 통한 자주적 평화 통일을 간절히 바랐지만, 아직까지 실현하지 못하고 있다. 오늘은 이 문제에 대해 재일조선인으로서 우리들의 심정, 주장을 솔직하게 이야기해 보고 싶다고 생각한다. 우선 36년간에 걸친 민족분단이 가져온 갖가지 문제를 이야기하는 것으로 시작해 보기로 한다.

이철 : 36년에 36년이 흘러도 아직도 통일의 움직임조차도 보이지 않는다. 조선민족에게 있어서 이 이상의 비극은 없다. 그럼 이처럼 오랜 시간을 들여 통일 실현을 위한 어떤 등가적 작업이 있었는가를 생각해 보면, 유감스럽게도 거기에는 남북체제간의 끊이지 않는 각축과 확집(確執)이 분단을 지속시켜 온 주된 원인이 아닌가라고 생각한다. 36년간에 걸친 갖가지 역사적 사실을 검토하면

페이지
72-83

필자
강재언, 김달수,
김석범, 이진희, 이철

키워드
조선민족, 남북체제,
정치구조,
조국을 모르는 세대

해제자
서정완

서 이 배후에 있는 부정(否定)적인 정치구조를 냉정하게 살펴볼 필요가 있다.

김달수 : 우리들 재일조선인에게도 통일이 이렇게 늦어지고 있는 것에 대한 초조함이 현재 확연한 형태로 나타나고 있다고 생각한다. 예를 들면 요전에 오사카의 어느 한 동포로부터 장문의 편지를 받았는데, 그 사람은 친구들을 만나면 항상(언제나) 통일문제를 논해 왔는데, 더 이상 참을 수가 없어서 신문에 '남북통일을 위한 성명' 광고를 내려고 했다는 것이었다. 그리고 그 견본을 동동해 보내왔는데, 첫 페이지 윗 단에 '호소'라는 말을, 그리고 하단에는 찬동자들의 이름을 빽빽하게 나열했고 한 사람 한 사람 만 엔씩 낸다면 광고료는 충당된다고 했다. 이 편지는 너무 절실함을 느껴져 감동을 받았다. 말하자면 더 이상 기다리고만 있을 수 없다는 초조한 마음이 존재한다고 생각된다.

김석범 : 생각해 보면 우리들 재일조선인에게 있어 분단 36년이란 것은 새로운 '재일' 36년이기도 했었다. 다시 말해서 1945년 해방 직후를 되돌아봐도, 대부분이 조국으로 돌아갔고, 돌아가지 못한 사람들도 머지않아 돌아갈 준비를 하고 있었다. 그리고 일단 돌아간 사람이 일본에 되돌아오는 일도 있었지만, 모두가 몇 년만 지나면 통일이 이루어질 것이라고 생각하고, 1년 또 1년을 그런 마음으로 지냈다. 당시 재일조선인 중에는 30여년 이후 오늘날까지 일본에서 살 것이라고 생각한 사람은 거의 없었을 것이다. 그러한 의미에서도 우리들 재일조선인의 초조함이란 것은 울적한 것으로 아주 깊은 것이다.

재일의 과제

이진희 : 여러 가지 이야기들을 나누었는데, 마지막으로 분단을 극복할 과제를 '재일'의 입장에서 정리해보고 싶다.

김달수 : 요근래 어느 젊은 재일동포와 이야기를 해 보았는데, 그

들은 이런 이야기를 했다. 1세는 조선이라는 말을 듣기만 해도 감동을 받아 움직이지만, 2세, 3세의 경우는 말하자면 이해관계를 생각하며 행동한다고 말했다. 이것을 듣고 아 그렇구나라고 생각했다. 조국을 본 적도 없는 그들의 경우는, 통일이라는 것은 관념적인 것이 되지 않을 수 없는 것이다. 지금 이후는 더욱더 이러한 경향이 깊어져 갈 것으로, 그것을 어찌할 것인가라는 것이다.

　김석범 : 지금은 '조국을 모르는 세대'가 재일조선인의 80%를 차지하고 있다. 그리고 다른 한편에서는 동화와 귀화 현상이 진행되고 있다. 만약 조선이 통일했다면 재일조선인의 면모는 전혀 달라졌을 것이라고 생각한다. 그러한 의미에서도 해외에 있는 우리들을 남북조선의 국민이라고 남북의 위정자들이 말한다면 지금까지 통일을 늦춰온 그들은 재일조선인, 특히 젊은이들에 대하여 책임을 지지 않으면 안 된다. 물론 우리 1세의 책임도 무시할 수 없다. 게다가 일본에서 남북으로 나뉜 각각의 조직은 조국에 실망했고, 그렇지만 완전한 일본인은 될 수 없어 고민하고 있는 젊은 동포를 제외한 상태로 이데올로기 전쟁을 벌이고 있다. 그것이 그들 조국 이탈을 촉진하고 있는 면도 있다. '재일'의 사상이라는 것이 필요하며 조국 통일의 문제와의 관계에서 그것을 심화시켜 가지 않으면 안 된다.

나에게 있어 조선·일본

오다 나라지織田楢次 선생님의 일
[私にとっての朝鮮・日本] 織田楢次先生のこと

이누마 지로는 일본의 농학자, 시민운동가로 알려져 있다. 교토 대학 명예교수이며, 교토의 베헤렌 대표였다. 전공은 농업경제학, 농업사로서 농법의 역사적 연구를 담당했다. 이 글은 조선에서 선교활동을 전개한 오다 나라지의 죽음을 애도하고, 그의 업적을 소개한다.

작년 9월 29일 밤, 교토시에 있는 교회에서 간사이 지역 일원에서 1천여명의 재일조선인이 모였다. 그것은 27일에 돌아가신 오다 나리지 선생님의 죽음을 추모하기 위한 것으로 여성들 중에는 손수건으로 눈물을 닦는 사람도 적지 않았다. 이전에 조선을 36년간이나 식민지로 지배했고, 그 이후 35년간 재일조선인에 대한 차별과 억압을 지속해 온 일본에 대해, 한 일본인의 죽음을 이렇게 많은 조선인이 진심으로 애도한다는 것은 아마 지금까지는 없었던 일로 이후에도 없을 것 같은 생각이 들었다.

오다 선생님은 1908년 오사카에서 태어나 아시야(芦屋)에서 자랐다. 지금은 한신(阪神)지역의 고급주택지로서 알려진 아시야도 오다 선생님이 어렸을 때는 가난한 어촌이었다. 아버지는 토건업자(土建業者)로, 아시야가 주택지로 발전함에 따라 발전하고 영화의 로케 지역으로 자주 사용되기를 요청받을 정도로 호화로운 저택 지역이 되었다.

페이지
164-166

필자
이누마 지로
(飯沼二郎, 1918~2005)

키워드
오다 나라지, 아시야,
성서학교, 총독부,
신사참배, 순교

해제자
서정완

당시 고베에는 많은 조선인 노동자가 있었고, 자주 목격되는 조선인에 대한 차별사건은 젊은 날의 오다 선생님의 마음에 깊게 새겨졌었다. 선생님은 태생적으로 정의감이 강하고 또한 약자에 대한 정도 깊었다. 1928년 성서학교를 졸업하고 조선 전도를 품고 목포로 건너갔다. 20살 때의 일이었다.

선생님의 전도는 점차로 성공하여 집회를 열 때마다 수천 명의 조선인이 모였다. 그곳에 관심을 갖고 총독부는(당시는 중일전쟁이 한창이었다) '자네가 하고 있는 일은 좋은 일이다. 설교 마지막에 이 전쟁은 정당한 전쟁이라는 말을 해 주면 돈도 주고 전도를 위한 다른 편의도 제공 하겠다'고 했다. 선생님은 당시 가난했기 때문에 돈도 전도를 위한 편의 제공도 원했다. 그렇지만 총독부에 학대를 받는 조선인들의 얼굴을 생각하며 그 유혹에 빠지지 않았다.

마침내 총독부는 조선인 기독교 신자에게도 신사참배를 강요하고, 그것을 설득하기위해 일본 기독교계의 대표자를 조선에 파견했다. 조선 기독교 신자들은 평양에서 6천여 명이 집회를 가졌는데, 그때 선생님이 강사로 선발되었다. 선생님은 5일간 절대로 신사참배를 해서는 안 된다고 연설했다. 신사참배를 거부하여 투옥된 사람이 2천여 명에 달했고 폐지된 교회가 2백여 곳에 이르고, 순교한 사람이 50여명에 이르렀다.

일본이 조선을 박해해 온지 100년의 역사 속에서 이러한 일본인을 한사람이라도 갖게 된 것은 일본인에게 있어 하다못해 하나의 구원이 아닐까. 9월 30일 고별식에는 1천여 명의 사람들이 영전에 꽃을 헌사했다.

나와 조선

[私にとっての朝鮮·日本] 私と朝鮮

사토 에쓰조는 세무사이다. 그렇지만 사토의 사회적 활동에 대해서는 파악이 어렵다. 이 글은 식민지 조선에서 태어나고 자란 경험을 기술하고 있다.

나는 1910년 황해도 해주(海州)에서 식민지 관료의 아들로 태어나 패전 시기까지 35년간 즉 유아기에서 청년기를 조선에서 지냈다. 기이하게도 이 기간은 한일합방에서 해방까지의 35년과 중첩된다. 조선은 나에게 있어 말 그대로 제2의 고향이다. 지금도 내 머릿속에는 조선민주주의인민공화국도 대한민국도 없다. 존재하는 것은 어디까지나 통일 조선이라는 관념이다. 조선 민족이 있고 조선어가 있을 뿐, 지금 한국어라는 호칭이 나에게는 익숙하지 않다. 작년인가 NHK에 대해 조선어 강좌 개설 운동이 있었을 때 그 장해의 하나에 조선어로 할 것인가 한국어로 할 것인가 즉 어떻게 다룰 것인가에 대한 문제가 있었던 것으로 안다. 정말 정치라는 것은 어려운 것이라는 생각이 든다.

나는 1928년 중학교를 졸업했는데, 21년에 아버지가 돌아가셨기 때문에 나는 진학을 포기하고 경성부청(京城府廳) 세무과에 취직했다. 사회인으로서는 국가권력의 말단 기구에서 징세 사무를 담당했다. 그리고 체제 내부에서 입신출세를 생각하며 고등문관을 목표로 면학에 힘썼다. 물론 이렇다고 한다면 듣기에는 좋게 들리

페이지
166-168

필자
사토 에쓰조
(佐藤悦三, 미상)

키워드
조선민주주의인민공화국,
대한민국, 조선어 강좌,
가케이 가쓰히코,
창씨개명

해제자
서정완

지만, 지금 생각해 보면 어떤 의미에서는 시대를 보는 눈이 없었고, 알지도 못하는 가케이 가쓰히코(筧克彦)의 『유신헌법서(惟神憲法書)』를 반복해서 읽은 불필요한 시간이 아쉽기도 하다. 그렇지만 1929년에 에스페란토어를 배우기 시작한 나는, 에스페란토어가 가진 내재 정신이라고 일컫는 공평, 평등, 휴머니즘이라는 것에 지탱되어 조선인과의 교우관계도 주관적인 차별감은 없이 지낼 수가 있었다고 생각한다.

여기서 내가 에스페란토어를 배우기 시작한 동기에 대해 적고 싶다. 내 경우는 좀 색다를 수 있지만, 당시 외국인과 접할 기회도 거의 없었고 해외여행은 대학교수나 고급관료 등 극히 일부 특권계급에 속하는 사람들로 한정된 상황에서 전국 획일적으로 영어교육을 강요하는 분위기에 대한 반발이 있었다. 우리들과 같은 조선, 만주 등 당시 식민지에 영주하는 것은 운명지어진 사람들에게는 오히려 조선어 등 현지 민족어를 배워야하지 않는가라고 생각했다. 그래서 오구라 신페(小倉進平)의 『조선어발음개설(朝鮮語發音槪說)』이나 오쿠야마 센조(奧山仙三)의 『조선어 학습(朝鮮語学習)』등을 의지해 조선어를 독학했다.

조선어는 전시 중에 당국의 방침에 의해 전장에서는 사용 금지된 것은 잘 알려진 일이다. 언어가 권력에 의해 사멸(死滅)되는 것은 아니라는 것은 자명한 일이다. 그렇지만 당시는 그러한 바보 같은 일이 통용되는 상황이었다. 한편 1940년 조선이의 황민화 정책 일환으로 창씨개명이 실시된 것도 오늘날 잘 알려진 일이다. 나의 동료나 부하 중의 조선인도 거의 창씨개명에 의해 조선인 이름을 일본식 이름으로 바꾸었다.

정리되지 않은 기억을 적어 보았는데, 북한의 공화국과의 사이에는 아직 국교가 없으며 남쪽 한국과는 한일유착 문제로 깊은 관계에 있는 일본인데, '과연 이로써 괜찮은 것일까'라고 정부 레벨의 사고방식에 의문을 가진 나는, 8년 전부터 조선에 대해 전전과는 다른 의미로 관심을 갖게 되었다. 내 자신의 조선관을 확립하여 독립, 1자유, 평등을 기초로 한 진정한 조일(朝日)관계를 모색하고 자 매일 매일을 보내고 있다.

나에게 있어 조선·일본
멀어진 판소리
[私にとっての朝鮮·日本] はるかなるパンソリ

이지택은 자영업가이다. 이 글은 판소리에 대해 필자가 경험한 내용을 소개한다. 그것은 일본예능과 함께 조선예능도 함께 살펴보고자 하는 집필자의 의도가 잘 나타난다.

판소리, 내가 이것을 안 것은 1967년 10월 어느 한 신문에 게재된 기사에서다. 그 후 신경이 쓰였고 머릿속을 떠나지 않았다. 한 장의 사진이 있었다. 병풍 앞에 조선 전통 의복을 입은 두 남자가 있었다. 한 사람은 커다란 부채를 손에 쥐고 뭔가를 읊조렸고, 한 사람은 북을 치면서 정좌해 있는 자세였다. 기사 내용은 민속예능으로서의 판소리의 간단한 역사를 소개하는 것이었는데, '서민계급의 예능이라고 경시되어 상류 양반 계급의 문화로서는 인정받지 못했다'라며 판소리 연구가인 강한영(姜漢永) 서울대 강사의 코멘트가 있었다.

나의 아버지는 패전 전 관서지방의 한 지방 도시에서 현장식당(함바집)을 운영했다. 당시 사람이 30명 가까이 있었던 듯하다. 내가 네, 다섯 살 정도였을 때 1년에 한 두 번은 그들에게 광장을 개방하여 사람들에게 둘러싸여 한 사람이 정좌하여 북을 치며 몇 시간을 소리를 했던 것을 지금도 선명하게 기억한다. 그 목소리의 억양에 무어라 형언할 수 없는 감동이 있었다. 물론 어린아이에게 감동이라고까지 할 표현은 없겠지만, 적당한 표현이 떠오르지 않

페이지
171-174

필자
이지택(李智澤, 미상)

키워드
판소리, 예능인,
고전예능, 민속예능

해제자
서정완

는다. 여하튼 강렬한 자력을 느낀 그러한 기억이 있다. 그것은 현장 식당에서 개최된 위안으로서의 연중행사 중 하나였던가, 아니면 떠돌아다니는 예능인의 신청에 따라 그때그때 개최되었던 것인가 모르겠는데, 나는 매번 어른들 사이에 끼어 들어가 맨 앞줄에 앉아서 그 미묘한 손동작과 얼굴을 붉히면서 내뱉는 입 모양을 눈앞에서 보았다. 그렇지만, 연출하는 그 모습보다는 입에서 나오는 두껍고 가늘고, 그리고 높고 낮은 낭랑함이 지속 되는 그 선율이 더욱 강하게 기억에 남았다. 기억에는 남았지만, 그 이후 분주하게 맞이한 전후 현장식당의 해체로 그 행사는 없어졌고, 기억은 머릿속 한쪽 구석으로 내몰렸고, 기억해낼 기회도 없이 세월을 보냈었다.

내가 이전에 써클 활동을 통해 일본의 음악운동에 접했을 때가 있었다. 그 활동의 최전성기 때 일본의 고전예능, 민속예능의 발굴과 공연이 자주 기획되고 개최되었다. 나는 그것들을 접하면서 유쾌한 감동과 공감을 가졌지만, 그것과 비례하여 어떤 배고픔을 느끼게 되었다. 당연한 것으로 조선인인 나의 머릿속은 조선의 고전예능, 민속예능에 대한 사모(思慕)였다.

나에게 있어 조선·일본
두 청년과의 만남
[私にとっての朝鮮·日本] 二人の青年との出会い

정윤희는 일반 회사원이다. 이 글은 조선인으로서 자아를 깨달 아가는 필자의 경험을 기술하고 있다.

내가 자란 마을은 다섯 혹은 여섯 세대의 조선인이 분산해서 살 고 있었다. 그 때문인지 나와 가족은 일본인 사회에 완전하게 섞여 있었고, 가끔 말을 걸어오는 아버지의 조선어를 뺀다면 매우 일본 인적인 생활양식을 받아들이고 있었다. 이러한 생활 속에서 내가 조선인이라는 것을 의식하기 시작한 것은 중학생 때였다. 그것은 가끔 아버지를 찾아오는 사람들의 조선어를 통해서였다. 중학교에 들어가 분별력을 갖기 시작한 나는 어른들이 주고받는 거친 조선 어가 이웃집에 들리지 않을까라고 생각하여 죽어버리고 싶을 정도 로 부끄러웠다. 나는 중학교 시절을 통해 자신이 조선인이기 때문 에 차별받았다고 의식한 기억이 없다. 있다고 한다면 오히려 아버 지의 조선어를 통해 자신이 일본인이 아니라 조선인이라는 민족의 이질성을 자기 자신을 차별해 온 것 그것이다. 이것은 조선어가 나를 조선인이라고 의식하게 해 준 반면, 조선인으로부터 몸을 감 추려는 측면을 포함하는 것이었다.

그러나 어떤 경우이든 나에게 있어서 조선인으로서의 자기 각성 이었던 것은 틀림없다. 그 후 나는 직업훈련소에서 1년간 기계기술 을 배우고 나고야(名古屋) 시내의 공장에 취직했다. 제1지망인 대

페이지
174-176

필자
정윤희(鄭潤熙, 미상)

키워드
차별, 조선어, 대기업, 외국인, 민족의식

해제자
서정완

기업으로부터는 외국인이라는 이유로 채용 불합격 통지가 왔었다. 내가 차별을 직접 체험한 것은 이때였다. 원래대로 한다면 나는 이 시점에서 민족의식을 가진 조선인으로 각성한다 해도 이상하지 않은 것이었다. 실제 나는 조선과 일본이라는 역사적 민족적 입장에 섰을 때 나의 조선인으로서의 피는 동요되고 있었다.

취직차별을 경험한 나로서는 조선인으로서의 이유는 알고 있었어도 일본인으로서의 이유는 생각할 수 없었다. 물론 그런체하는 것은 손쉬운 일이었다. 그렇지만 나에게는 나의 윤리라는 것이 있었다. 어떤 일이 있어도 결코 넘어서는 안 되는 일선이 있다. 그 하나가 자신이 조선인이라는 것을 하지 않는 대신에 결코 자신이 '일본인'이라고도 표명하지 않는 것, 또 하나는 결코 일본인의 입장에 '하나가 되지 않는 것'이 두 가지 이다.

나에게 있어 조선·일본
은사
[私にとっての朝鮮·日本] 恩師

정조묘는, 재일한국인 2세 역사학자로서 전공은 고대조선사, 조일관계(朝日関係史)이다. 오사카시(大阪市) 출생으로 1969년 고베대학(神戸大学) 문학부를 졸업했고, 1973년 오사카시립대학(大阪市立大学) 대학원 문학연구과 석사과정을 수료한다. 이후 오타니대학(大谷大学) 교수를 역임하고, 오사카부(大阪府) 재일외국인 유식자회의 위원, 아시아태평양 인권정보 센터 평의원사단법인 오사카국제이해 교육연구센터 이사장 등을 역임했다. 이 글은, 은사인 이노우에 히데오 선생님과의 관계를 중심으로 자신의 연구자로서의 역사를 기술한다.

나는 일다운 일을 하지 못하면서 오늘날에 이르고 있는데, 많은 사람들이 지탱해 주어서 여기까지 왔다는 생각이 든다. 특히 내 경우는 지탱되어진 것뿐만 아니라 항상 인도되어 조선사라는 무대에 발을 들여놓은 상태이다. 은사라는 말은 이제 사용하지 않게 되었지만, 은사로 부르고 싶은 사람이 도호쿠대학 이노우에 히데오 선생님이다. 이공과 계통 인문사회 계통을 따지지 않고 재일조선인 연구자는 대부분이 선비(조선어로 관직에 등용되지 않은 학식 있는 사람의 의미)로 있을 수 있기는 하지만 만약 이노우에 선생님이 나를 키워주지 않았다면 생활도 걸려있는 일이기도 한 것으로 역사연구는 그만두었을지도 모른다.

페이지
176-179

필자
정조묘
(鄭早苗, 1944~2010)

키워드
이노우에 히데오,
조선역사연구회의,
고대사부,
한일회담 반대 투쟁

해제자
서정완

조선역사연구회의 간사이부(関西部) 모임 사무국이 오사카 공업대학 일반 교육과 사학연구실, 즉 이노우에 선생님의 연구실에 있었던 것이 선생님께 다니게 된 계기였으며 당시 나는 대학 4학년이었다.

고대사부(古代史部) 모임에 다니기 시작했을 때 나는 신라시대의 상대, 중대, 하대라는 구분은 커녕 진흥왕이 누구이며, 시조 전설이 무엇인지도 모르고 겨우 광개토대왕의 이름과 김석형(金錫亨) 씨의 「삼한 삼국의 일본열도 내 분국(分國)에 대해」라는 논문을 읽은 적이 있을 정도의 어설픈 지식밖에 갖지 못하고 있었다. 그러나 이노우에 선생님의 입버릇이었던 '원전을 읽고 본인 스스로 생각해라. 다른 사람이 쓴 것은 그 이후에 읽으면 된다'는 것을 실천하고자 강독회에 참가하게 되었다.

정기적으로 고대사부 모임은 계속되었는데, 1960년 후반부터 대학투쟁과 대학 학생조합에서의 일 때문에 이노우에 선생님은 매우 바쁜 시기를 보냈다. 강독 사이사이에 선생님은 앉거나 서거나 하면서 바쁠 때도 있었지만, 그때그때 우리들은 잡담을 하면서 꽃을 피웠던 추억이 있다. 바리케이트 때문에 학내에 들어가지 못했을 때에도 공대회관이나 북시민회관 등을 이용하여 작지만 고대사부 모임의 활동은 지속되었다.

나는 재일본조선인 유학생 동맹 운동에 참가하였고, 한일회담 반대 투쟁을 통해 얻은 인식에서 한국여행에 위화감을 갖고 있었다. 조선 땅을 전혀 알지 못한 채 일본에서 자란 나의 조선에 대한 친근한 정경이라고 한다면 한일회담 반대 투쟁에 참가하고 있던 한국 학생의 표정이며, 또한 조선민주주의인민공화국의 사회주의 건설에 종사하는 사람들의 모습이었다. 패턴화 된 모습밖에 익숙하지 않았었기 때문일 것이다.

많은 문제가 분출해 매우 심각한 현상에 있는 일본의 교육계에서 수업에 관해 '이해력 있는 아이'와 '잘하는 아이'의 차이가 지적

되고 있다. 재일 2세, 3세의 경우, 그 대다수가 예를 들어 잘 일본어를 조선어로 말해도 민족 고유의 언어가 언어를 알고 있는 것이 아니라는 것과 공통된 것이 있다는 것을 알고 있다. 재일 조선인의 민족성 내용 문제가 내 마음 속에서 혼돈되고 있는 한, 조선 전체를 보는 눈의 불편함이 나의 경우에는 지속될 것이다.

온돌방
おんどるばん

지금 교육 현장에서는 야마구치현(山口県)·니시하라 다케오(西原孝夫)·
교등학교 교원·30세

제1호부터 계속해서 구입하고 있는데, 25호의 이누마 지로(飯沼
二郎) 씨의 「『조선인』을 계속 펴내면서」를 매우 뜻깊게 읽고 있다.
학생시절에는 교토에서 생활했었는데, 잡지『조선인』도 대학 서적
부에서 몇 번 구입했었다. 지금 우리들 교육현장에서는 부락차별
문제가 의식 속에서도 어느 정도 높아졌고, 차별 해소를 위한 노력
이 이루어지고 있는데, 재일조선인 문제에 대해서는 아직 의식이
낮은 것이 현실이다.

참고문헌 소개를 이가타현(新潟県)·요코야마 하타오(横山泰夫)·교원·
48세

『계간삼천리』25호 특집의 「조선인관을 생각한다」를 읽으면서
나는 계속해서 '내 안의 조선인관'을 자문해 보았다. 이누마 지로
씨가 「『조선인』을 계속 펴내면서」에서 적었듯이 미국인이나 독일
인을 '미국의 사람'이라던가 '독일의 사람'이라고 말하지 않는데,
조선인만 '조선의 사람'이라고 부르는 것은 차별이 아닌가하고 비
판받았다고 술회했는데, 그것과 동일한 응어리가 내 안에서도 뿌
리 깊게 존재하고 있다. 금후 이 응어리를 불식시키가는 내적인 노
력을 본 잡지에 의지하면서 지속해 가고 싶다. 최근의『조선현대사

페이지
254-256

필자
독자

키워드
부락차별, 와다 하루키,
민족문화, 동화교육,
동아시아

해제자
서정완

안내』(가지무라 히데키〈梶村秀樹〉편)을 입수했다. 본 잡지에서도 매호 특집 테마에 관련된 문헌을 소개하고 해제란을 마련해 주기를 바라는 마음이다.

'목소리 없는 목소리'의 한사람으로서 도쿄도 스기나미구(杉並区)·야마모토 리에(山本リ그)·작가

언제나 의욕에 넘치는 편집을 보면서 감동하고 있다. 제25호 특집 '조선인을 생각한다'에 집필한 제 선배들의 논문에서는 배우는 것이 많았다. 특히 와다 하루키 씨의 '김대중을 죽이지 마라, 1980년 겨울'은 '투쟁 일기'라고 말할 수 있을 정도의 문장으로 감탄했다.

민족문화 소개를 도쿄도 네리마구(練馬区)·사이토 도요카즈(斎藤豊和)·학생·25세

이전에는 『계간삼천리』를 가끔씩 보는 정도였는데 최근에는 매호 빠짐없이 읽고 있다. 읽을수록 의식이 씻겨지는 듯한 생각이 든다. 그런 마음을 전달하고 싶어서 편지를 쓰게 되었다. 조선의 민족문화에 애착을 갖기 시작한 것과 무관계는 아닌데 제25호의 '민족문화로 여행 떠나기'는 그 따뜻함이 넘치고 감동적이었다. 가면극이나 판소리, 농악, 등등을 포함한 민족문화 소개 특집을 꾸며줄 수는 없을까. 그리고 25호의 '온돌방'에 있던 '공화국도 다루어 주었으면 한다'는 가토 하루(加藤はる) 씨의 의견에 나는 찬성한다.

차별에 대해 사이타마현(埼玉県)·시마무라 하레미(島村晴美)·학생·19세

제24호에 게재된 에토 요시아키(江藤善章) 씨의 '상후쿠오카(上福岡) 삼중(三中)사건을 생각한다'를 한숨에 읽고 마음이 아파졌다. 이 사건에 대해 더 자세히 알고 싶어 했었는데, 읽은 보람이 있었다. 고등학교 수업에서는 차별문제를 다룬 동화교육이라는 것이 있다. 이 수업에 처음으로 친구들의 차별의식을 접하고 크게 놀랐다. '부락민'이라고 불리는 사람들이나 재일조선인, 유색인종에 대한 차별 의식을 갖고 있는 사람은 극소수로, 대부분 사람들에게는 차별관이 없다고 나는 생각하고 있었기 때문이다. 에토 씨가 적고 있듯이 조선인이 통명(通名)을 사용하지 않고 본명을 쓰며 부당한 차별이 일어나지 않도록 해야 한다고 생각한다. 최근에는 차별에 대해 긍정적인 의견을 당당하게 잡지에 제재하기도 하는데, 인간의 진정한 가치를 잃어가고 있다는 생각이 든다. 상후쿠오카 사건뿐만 아니라 다른 곳에서도 마찬가지의 사전이 있다는 것을 알고 내가 무엇을 할 수 있을까, 또한 무엇이 가능할까, 조금 초조함을 느꼈다.

연대라는 것 이와쓰키시(岩槻市) · 모로타 요네미쓰(諸田米満) · 협동조합 서기 · 27세

현재까지 재일조선인 문제를 공부해왔는데, 『계간삼천리』를 보게 되면서 그 충격은 이루 말할 수 없었다. 나는 아라카와구(荒川 区) 미카와시마(三河島)의 바타야(バタヤ)부락에서 태어나 닛포리(日暮里)의 구즈야(クズヤ) 부락에서 자랐기 때문에 이웃 조선학교에 자주 놀러 갔었다. 매우 싼 풀장을 빌리기도 하고, 조선 영화를 관람하러 가서 교정에 마련된 스크린에 의미를 알 수 없는 말들이 흘러나오고, 벼가 자란 논들의 풍경이 상여된 것을 기억하고 있다. 어른들의 역차별에 무지하게도 영합(迎合)했을 때 구즈야 부락 친구들로부터 조선인도 일본인도 마찬가지 인간이다라고 말한 것을 지금도 창피하게 생각한다. 피억압자인 우리들이 강하게 연대하고, 아직 조선 통일을 향해 일본인으로서 계속해서 협력해 갈 것이다.

연재를 마치고 하루나 아키라(春名徹) · 본호 집필자

2년 가까이 본 계간삼천리에 연재(「나의 동아시아 근대사 노트」)

해 왔다. 일단은 완결했는데 되돌아보니 자기 자신에 대한 뭔가 부족한 느낌이 든다. 1950년대 말에 대학을 졸업했을 때 나에게 일본의 근대사회라는 것은, 여러 가지 의미에서 무거운 짐이라고 느껴졌었다. 특히 직업에 대해 생각해 보면, 근대사회의 뼈대의 뒤에서 부는 찬바람, 잔인함은 보고 싶지 않아도 눈에 들어왔다. 학교에서 배워 온 '역사'라는 방법을 새롭게 자신의 것으로 다시 선택하려는 마음으로 나는 일본의 근대라는 것을 동아시아 세계 전체 속에서 상대화 하여 생각해 보고자 했다. 그렇지만, 내가 주로 배워 온 중국의 역사와 일본의 역사를 대비하는 것만으로는 한쪽이 비어있었다. 조선이나 대만의 식민지지배를 빼고 일본의 근대화 달성은 이야기할 수 없는 것이다. 하니 고로(羽仁五郎) 씨의 '동양에 있어서의 자본주의의 형성'(이와나미 문고, 『메이지유신사 연구』의 권두에 수록)은 1930년대의 곤란한 상황 속에서 인도, 중국, 일본을 비교사적으로 다루어 일본의 메이지유신을 국제 환경 속에서 상대화하여 받아들이려고 했는데, 읽을 때마다 이를 조선인이 읽으면 어떤 감상을 가질까라는 생각이 들었다. 하니 고로 씨 자신은 진짜 문제는 비교사가 아니라 아시아 전체, 세계 전체의 근대라는 문제였다고 전후에 발언했다. 그것만으로도 한층 더 조선의 근대화를 저해하면서 서구풍의 근대화를 달성한 일본의 문제를 빼고는 동아시아 근대는 말할 수 없다고 생각되어 진다.

되돌아보면 역량의 문제는 제쳐두고라도 일단, 조선에 대해 접촉하면서 한 발을 더들어가 보려고 시도하지 않은 나의 태도는 비겁한 것이 아니었던가라고 자책감을 갖고 있다. 단, 나무에서 떨어진 원숭이는 머리를 긁적이며 부끄러워하고 있지만, '살아서 익숙했던 산으로 도망가서'는 안 된다. 금후 한층 더 진지하게 조선을 계속해서 생각하려고 하는 것만큼은 약속한다.

편집을 마치고

編集を終えて

세 명의 편집위원의 방한(訪韓)과 대중교통 집회가 중첩되어 1주일 정도 발간이 늦어졌는데, 여기에 제26호를 내놓았다. 우리 세 명이 방한 한 목적이나 그 경위에 대해서는 본 호에 「3월 방한에 대해」(234페이지)라는 제목으로 집필했다. 그 사이에 많은 독자들이나 집필자로부터 전화와 편지를 받았다. 우리들은 그것이 잘 전달이 안 된 부분도 있었던지 그 중에는 비난의 목소리도 있었다. 비판은 겸허하게 받아들이지만, 인명(人命)을 구하는 것은 무엇보다도 중요한 것이 아닌가라는 생각은 지금도 변함이 없다.

통일된 조선을 지향하는 창간 이래의 편집 방침에 따라 '조선의 통일을 위해'를 특집으로 꾸몄다. 특집 성격상 주로 저널리스트에게 원고를 의뢰한 결과가 되었는데, 공화국이나 한국에서 직접 취재 활동을 담당했던 만큼, 시사점이 많은 논문을 게재할 수 있었다.

이들 논문이나 좌담회에서 지적된 것처럼, 지금 필요한 것은 상호 비난이 아니라 서로 대화할 실마리를 찾는 것이다. 더 나아가 절실한 것은 수백만에 이르는 이산가족이 소식이라도 확인하는 것이다. 적십자회담을 열고 그 길을 강구할 필요가 있다. '통일된 조선'에의 미사여구를 나열하는 것만으로는 남북 간이 거리는 가까워질 수 없다는 것이 36년의 세월이 증명해 주고 있는 것이다.

(편집위원·이진희)

페이지
256

필자
이진희

키워드
방한(訪韓), 비난,
통일된 조선,
저널리스트, 대화

해제자
서정완

146

1981년 가을(8월) 27호

하바로프스크의 여성가이드
[架橋] ハバロスクの女性ガイド

나오키 고지로는 일본의 역사학자로 오사카시립대학 명예교수이다. 연구분야는 일본의 고대사로 『고대 국가의 성립』, 『신화와 고지키 일본서기』, 『고대 국가의 형성』, 『고대의 동난』 등 다수의 저서를 출판했다. 이 글에서는 7년 전 저자가 일행들과 함께 하바로프스크에서 경험한 이국적인 문물에 대한 감상과 조선인 여성 가이드와의 만남을 떠올렸다. 북한에 방문한 기억을 통해 남과 북의 통일문제와 국경에 대한 생각을 서술하고 있다.

1974년 8월 21일 도시샤 대학원 총장인 스미야 에쓰지 선생을 단장으로 하는 우리 일행 7명은 이른 아침 이르쿠츠크 비행장을 출발하여 오전 10시 반 하바로프스크에 도착했다. 2주간의 일정으로 조선민주주의 인민공화국을 방문하는 여정이다. 당시 아직 북경 주변의 경로는 열려있지 않았기 때문에 주로 모스크바를 경유하는 길을 택했다. 하바로프스크에서 1박을 하고 다음 날 오후 비행기 편으로 일본에 돌아갈 예정이었다.

시베리아가 처음인 나는 하바로프스크의 풍물은 진기했으며 아름다웠다. 오후에는 천천히 쉬었고 저녁을 먹은 후 3명이서 산책을 나왔다. 시계는 6시를 가리켰다. 시베리아의 여름 해는 아직 높았다. 유럽풍의 커다란 가로수가 이어지는 길을 가는 사람들 가운데 형형색색의 옷을 맵시있게 입은 여성의 모습이 눈에 띄었다. 가게

페이지
17-20

필자
나오키 코지로
(直木孝次郎,
1919~2019)

키워드
하바로프스크, 조선인,
통일문제, 국경

해제자
석주희

의 쇼윈도를 장식한 것도 세련되었다. 하바로프스크를 시베리아의 보잘 것 없는 시골마을 정도로만 생각했던 나의 인식이 부족했음을 통감했다.

다음 날인 22일은 이른 아침에 눈을 떠서 식사 전에 근처를 걸어보았다. 쾌청하고 상쾌한 아침이었다. 아침식사를 한 후 일동 버스를 빌려서 시내를 구경했다. 버스는 마을을 순환하며 아무르 강변 언덕의 전망대로부터에서 유유히 흐르는 강을 지나 역사민속박물관에 갔다. 가이드는 30세 전후의 동양인 여성으로 일본어가 능숙했다. 하바로프스크는 1858년 건설된 마을로 현재 인구는 48만이며, 의과대학을 시작으로 공과철도대학이 있다는 점 등을 알려주었다. 일본어를 상당히 잘했기 때문에 일본인인가 생각할 정도였으나 들어보니 조선인이라고 한다.

한국전쟁 때 가족이 흩어져서 양친은 38도선 남쪽을 향했으며 본인은 북쪽에 남았다. 지금은 적십자를 통해 편지를 보낼 수 있어서 양친이 서울에 있는 것은 알고 있으나 계속 만나지 못한 채 그대로라는 것이다. "하지만 일본에는 간 적이 있습니다. 도쿄의 긴자는 멋진 곳이었습니다."라며 미소를 지었다. 그러나 웃는 얼굴 아래 어떤 괴로운 인생이 숨어있었는지 내 마음을 두드렸다.

한국전쟁이 일어난 것은 1950년이었기 때문에 그 당시(1974년)부터 24년 전이다. 당시 6~7세였던 그녀는 그 이후 부모와 헤어져서 고아와 같은 처지가 되었다. 지금은 훌륭한 성인이 되어 직업을 가지고 자립했으나(결혼했는지 어떤지는 물어보지 못했다) 여기에 이르기까지는 분명 사회의 거친 풍랑에 이리저리 시달렸을 것이다. 이를 극복하여 성장한 모습을 부모에게 보여주고 싶기도 하고 부모도 보고 싶을 것이다. 그러나 비정한 정치적 현실은 이러한 사람들의 자그마한 염원조차 거부하고 있다.

1주일 전 8월 15일 - 나중에 알게 된 것이나 박정희 대통령 부인

149

이 암살된 날이다 - 우리 일행은 3대의 전용차로 나누어 타고 아침 8시 즘음 평양을 출발하여 38도선을 향했다. 12시 개성에 도착하여 호텔에서 점심을 먹은 뒤 휴식을 하고 드디어 판문점을 향했다. 도중에 인민군의 소령을 만나게 되어 잠시 가보자고 하여 비무장지대에 들어갔다. 그 입구에서 호위를 하기 위해 각각의 차에 병사가 한 명씩 탑승했다. 비무장지대라고 해도 만일의 경우를 위해 장애물로 돌이 길 좌우에 놓여있는 것 외에 차창의 좌우에는 논밭이 펼쳐진 농촌 풍경이었다.

현실의 '국경'선은 여기에서 차를 타고 남쪽으로 간 곳에 있었다. 국제위원회가 열리는 작은 집이 있는 장소가 그것으로 작은 집을 사이에 두고 남과 북으로 각각 정부가 세운 휴게와 감시용 건물이 있었으며 병사가 대기하고 있었다. 우리들이 보기에 남측의 병사는 주로 미군 병사가 대부분으로 한국 병사는 매우 소수였다. 북측의 건물에서 휴식을 취하고 난 뒤 스미야 단장이 안내하는 인민군 소령에게 감사의 말을 하자 소령도 먼 곳까지 와주었다고 인민군을 대표하여 사례를 표했다.

같은 피의 민족을 두 개로 나눈 군사분계선의 철의 표식
분열의 부조리를 설명하며 안내하는 소령의 말
가슴 아프게 들리며
차분하게 그렇지만 힘을 넣어서 자주와 평화의 통일의 길
남북통일이 되는 날을 우리도 또한 인민군 소령과 함께 바란다

그 여름으로부터 벌써 칠 년이 지났다. 그 사이에 가이드 여성은 서울에 가서 부모를 만날 수 있었을까. 간절히 그렇게 되길 바라지만 어떻게 되었을지. 남북 교류를 여는 조짐을 보인 시기가 있었으나 최근 남과 북의 관계는 다시 경직되었다.

7년 전의 앨범을 꺼내어 보니 일행이 가이드를 중심으로 찍은

사진이 있었다. 하바로프스크의 철도 역 앞에서 시베리아 개발의 탐험가인 하바로프 동상을 배경으로 찍은 사진이다. 내가 찍었기 때문에 내 모습은 없지만 가이드는 옅은 녹색의 당시 유행한 미니스커트 원피스에 흰색 코트를 걸쳐 입고 스미야 단장과 부단장인 오사카시립대학 전 학장 와타세 유즈루 선생 사이에 서서 방긋 웃고 있었다.

가교
5월 27일·도쿄
[架橋] 五月二十七日·東京

무라마쓰 다케시는 시인으로 한센병 문제 운동가이기도 하다. 서울 출신으로 한일문제에 대해서도 식민지와 관련된 책을 출판하는 등 깊은 관심을 보였다. 1962년에는 잡지 『조선연구』에 '조선식민자'를 연재하였으며 1972년에는 평론집 『조선식민자인 메이지인의 생애』를 집필했다. 이 글에서는 광주에 대한 단상을 떠올리며 식민지 지배자이자 일본인으로서 광주를 묘사했다. 서울에서의 경험과 그리움, 현실적 한계를 극적으로 서술했다.

일본과 조선의 양측에서 일반적으로 관련된 것을 써보고 싶다, 개인으로부터 떨어져있고 싶다, 이와 같이 생각하면서 나는 지극히 보통의 구도도 그리지 못했다. 10일 정도 전에 5월 27일 오후, 간다에서 택시를 탔다. 자동차는 야스쿠니로를 피해서 달리고 있었다. "지금 그쪽은 자동차가 움직이지 않습니다. 무언가 있었나보네요. 경찰이 나와있어요"라고 운전수가 말했다. 나는 생각했다. 오늘은 수요일, 5월 27일, 이전에는 해군기념일 그리고 단말마의 광주. "광주가 살해된 날이다"라고 대답했다. "아, 광주" 운전수는 그리고 나서 침묵했다.

그로부터 1년 우리들은 무엇을 해서 살아온 것인가. 대단하지도 않은 생활이지만 광주로부터 날짜를 세게 되었다. 그리고 그 일은 나의 시, 나의 시간에 다른 지배적인 차원을 보였다. 그 감상을 내

페이지
20-22

필자
무라마쓰 다케시
(村松武司, 1924~1993)

키워드
광주사태, 서울,
계엄령, 식민지배

해제자
석주희

가 관련되어있는 조그마한 동인잡지에 실었다. 『코스모스(コスモス)』칼럼이었는지 일본인 친구로부터의 반응은 없었다. 거기에 불복하지 않는 것은 아니지만 그것보다도 일본의 문화권에서는 특히 시(詩)의 경우 기술상의 문제로 끝나기 십상이라는 우려가 있었다. 내용의 중복은 있으나 다시 고쳐서 써보고 싶었다.

나는 '광주의 병원에서'라는 작품을 『코스모스(コスモス)』의 같은 호에 실었다. 그 전에 '계엄령'이라는 다소 긴 시를 썼다. 거기에서는 박정희 대통령이 사살된 뒤 얼마 지나지 않은 시간이긴 했으나 혼란한 가운데 서울의 햇살, 희망과 같은 것을 적었다. 물론 필자인 내가 계엄령 아래의 서울을 방문한 것은 아니다. 오히려 내가 식민지의 지배자였던 까닭에 전후에는 그 땅을 사랑하거나 방문하고자 하는 마음조차 금지되어있었기 때문에 상상, 아니 슬픔과 같은 공상으로 서울을 방문하곤 했다. 꿈속의 한국은 공상에서도 현실에서도 계엄령 아래 있었다. '광주의 병원에서'는 전두환의 군대에 의해 압살된 광주의 5월 27일부터 약 반년 후에 작성했다.

"어느 날, 병원의 접수처에 서 있었다. 죽음을 앞에 둔 부상자가 나의 도착을 기다리고 있었다/ 여기까지 안내한 것은 다른 사건으로 조금 알게 된 운전수였다/ 택시는 먼가 어두운 언덕길을 오르거나 넓은 사면에서 헤매거나 운전수도 길을 알지 못한 것이다/ …/ 그날 나는 병원의 접수처에 서 있었다/병실은 어디인가/접수처의 여자가 대답 대신/먼 곳을 가르켰다/ 가르키는 쪽 저편에, 태양이/ 태양이 침몰하고 있었다/ 의사도 간호부도 부상자도/ 서쪽 태양에서 이쪽으로 이어져와/ 스치듯 지나가다/ 누구도 입을 떼지 않는다/ 긴 긴 복도를/ 그 운전수가 뒤따라 왔으나, 그도 말을 잃었다/ 죽음을 앞에 둔 사람이/ 누구인가/ 어디에서 나를 기다리고 있는가/ 그날부터 나는/ 병원의 접수처에 서 있다"

왜 비현실적으로 썼는지에 대해서는 내가 알고 있는 것이 몇 가지 있다. 한 가지는 당연한 것이나 자신이 그 장소인 광주에 없었기 때문이다. 없었는데도 현실적으로 묘사하는 것이 결국 현실을 묘사한 것인지 하는 의문이 있었다. 오히려 비현실적인 수법을 선택하여 현실에 있길 바랐다. 두 번째는 현장에 있던 사람이 일본인이었는지 한국인이었는지 즉 관찰자인지 참가자인지에 따라 현실의 모습이 달랐다. 이것은 한국인 자신의 투쟁이기 때문에 나는 현장에 있는 일본인(예를 들어 보도자)은 자의적으로 가정하는 것은 할 수 없었다. 나는 결국 보통의 일본인이 아니면 안 되었다. 작품은 일본인이 일본에 있어 그 장소에 '바다 저편의 광주'를 본 구도가 되지 않으면 안 되었다.

세 번째는 시간의 어긋남. 의식적으로 시기를 늦추는 것은 아니나 겨우 반년을 경과하여 광주에 대해 써보려고 했다. 광주의 그 사건이 아니라 사건 이후의 따라서 의연하게 연속하여 멈추지 않는 광주. 어느 병원이라면 쓸 수 있을까. 하지만 무언가 형이상적인 풍경 그것은 리얼리즘이라는 수법을 고의로 피해온 나의 습관에 의한 것일 수도 있다.

그리고 마지막으로 문제가 하나 더 있었다. 나는 일본인이다. '나'를 '빈사의 부상자' 광주시민의 한 명인 누군가를 '기다린다'는 설정은 발상의 자유의 문턱에 두더라도 지나치게 자의적이다. 당연히 그 비판을 예상할 수 있었다. 나는 상상 속의 병실의 그와의 조우를 기다린다. 그도 무언가를 간절하게 기다린다.

택시는 이이다바시에 도착했다. "손님, 광주 최후의 날을 잘도 기억하고 계시네요" 운전수가 말한다. "잘도 기억해주었네요"라고는 말하지 않았다. 요컨대 그가 일본인이었는지 조선인이었는지 상관없이 말이다. 나는 차에서 내린다.

가교
아시아와의 가교 - 하나의 제안
[架橋] アジアとの架け橋－ひとつの提案

서용달은 1963년 일본에서 최초로 4년제 대학교인 모모야마가 쿠인에서 첫 외국인 전임교원이 되었다. 저서로는 『인권선진국으로서의 일본』, 『아시아 시민과 한조선인』, 『21세기 한조선인의 공생비전』등이 있다. 주로 재일조선인의 형성과 경제활동, 법적지위를 소개하였다. 정주외국인과 차별문제, 일본 사회의 나아갈 방향을 제시하며 정주외국인의 지방참정권 획득 운동 등을 이끌었다. 1996년에는 이 같은 활동을 인정받아 국민헌장인 모란장을 수상했다. 이 글에서는 국제화 시대일수록 일본과 동아시아 국가들에게 '가교'가 필요하다고 역설한다. 일본의 국공립대학의 외국인 연구자의 차별문제와 처우개선 등에 대해서도 상세히 서술하고 있다.

국제화 시대는 비행기와 함께 왔다. 배의 시대와 달리 한번에 날아서 세계 구석구석까지 눈 깜짝 할 사이에 도착한다. 좋을 때 좋아하는 곳에 가서 좋아하는 것을 손에 넣는 가능해진 것이다. '국제감상'을 몸에 익힌 '국제인'이 구름처럼 모여드는 군중이 적당히 잘 형성된 것이다. '선래품'을 존중하는 속물적인 '국제화'는 아시아 인근 국가들을 멀리에 두고 먼 곳의 국가를 보다 가까운 곳에 두는 것처럼 느껴졌다. 이러한 시대야말로 가교라는 느긋한 생각은 필요없다고 말할 수 있을 것이다. 그러나 본지의 '가교'란에 밀

페이지
22-25

필자
서용달(1933~)

키워드
국제화, 국제교류,
정주외국인, 아시아인

해제자
석주희

려드는 다양한 생각이나 주장은 인간의 인연의 소중함, 강함, 진실의 가교의 존재방식을 이해시키는 것이 넘치도록 쌓이고 있다. 역시 비행기보다 가교가 필요하다.

일본의 국공립대학에 정주외국인 연구자를 임용하는 운동을 시작하여 8년, 그 사이 많은 연구자, 정치가, 매스컴 관계자 등과의 만남이 있었으며 운동을 지원한 많은 한국과 조선인도 잊어서는 안되었다. 인간적 동지들과의 만남은 그 하나하나가 나에게 있어 소중한 보물이었으나 여기에서는 개인의 교류는 차치하고 제도상의 가교를 생각해 보고자 한다.

1975년 문부대신과 공립대학협회장, 국립대학협회장에게 요청한 것은 1) 국공립 대학의 전임교원에 아시아인을 채용하는 특별조치를 강구할 것과 2) 한국·조선학과의 설치, 한국·조선어 제2외국어의 가입 등 아시아 관계강좌의 개설을 추진하는 것 등의 요지였다.

이 두 가지는 '아시아와의 가교'를 위해 공통적으로 중요하다는 점을 가지고 있으나 그 의의에 대해서는 다른 측면이 있었다. 우리들의 입장에서 볼 때 전자의 1)은 아시아인 연구자에 대한 취직차별의 철폐 내지는 인권상황의 개선 = 국제교류를 묻는 것이며 후자인 2)는 일본인의 아시아인으로서의 아이덴티티, 즉 메이지 이후 '탈아입구' 노선을 어떻게 전환할 수 있는가 = 진정한 국제교류의 방식을 묻는 것이라 할 수 있다.

우리들의 요청서에 대하여 공립대학협회는 3년 반에 걸쳐 법률전문가학자들의 검토를 통해 '외국인 교원문제에 대해' 견해를 발표하고(1979년 5월) 현행법령상 외국인 교수를 임용하려는 학생처분권이나 교원인사권에 외국인교수가 참가하는 것 등 이른바 '공권력의 행사'에 맞지 않다고 비판했다.

1977년 3월 우리들의 요청서에 응하여 일본학술회의도 3년 7개월에 걸쳐 '외국인의 국공립대학 전임교원 임용에 대하여(견해)'를 발표하고(80년 10월), 공립대학협회의 견해에 더하여 교육공무원의 법리를 요구했다. 즉 현행법령을 기반으로 외국인 교수를 임용할 뿐 아니라 연구 교육상의 심의, 학생처분의 심의, 교원인사는 물론이고 학장 학부장의 선거권, 관리직으로의 취임에 대해서도 대학자치의 원칙에서 인정하는 획기적인 견해를 공표했다.

7년에 이르는 운동의 결과 여론의 관점도 높아져서 연구자로서 장래에 희망을 이어가며 정주외국인도 증가하여 국립대학의 외국인조수(일반직국가공무원)의 임용도 증가하게 된 것은 기쁘다. 참고로 77년도부터 80까지 임용상황을 보면(문부성조사, 매년 7월 1일 현재) 28명에서 54명으로 증가해 왔다. 그 중 한국·조선인은 15명에서 29명으로 증가했다.

아시아관계강좌의 개설에 관련하여 국립대학에서 외국인 교사(1년 계약의 전임) 임용의 추이를 살펴보자. 문부성의 자료에 따르면 외국인 교사 임용 숫자와 그에 따른 아시아인 교사의 숫자를 보면 다음과 같다. 76년도 192명 중 23명(12%), 77년도 210명 중 26명(12.4%), 78년도 234명 중 31명(11.7%)으로 평균 12%에 지나지 않는다. 또 외국인 강사(1년 계약의 비상근)의 임용에 대해서도 과거 5년간 평균으로 전체의 9.7%를 점하는데 지나지 않는다. 게다가 외국인 교원의 상근과 비상근의 합산에서는 겨우 10.8%만이 아시아인이다.

이 수치가 의미하는 것은 누가 보아도 명확할 것이다. '탈아입구' 노선의 연장으로서 일본의 교육체계의 뒤틀림이 떠올랐다. 각 대학에서는 아시아 제국의 언어, 문화 등을 가르칠 수 있는 강좌가 거의 없다고 말해도 과언이 아니다. 일본이 진정한 국제 감각이 풍부한 인재를 육성하여 선린우호의 열매를 맺고 정주외국인의 인권상황을 개선하도록 전술한 요청사항을 들어 운동을 시작한 것이다.

일본인이 진심으로 아시아인으로서의 아이덴티티에 눈을 뜨고

가식이 없는 국제화를 추진하고자 한다면 아시아를 단순한 자원의 공급지, 상품의 판로, 국제정치 무대의 뒤로만 생각할 것이 아니라 일본인·일본 문화를 품은 어머니가 되는 대지로서 아시아, 세계문명의 일약이 되는 아시아에 대해 보다 깊은 생각을 해야 하는 것은 아닐까.

이를 위해서는 아시아 국가들에 대한 멸시, 더 나아가서는 정착 외국인에 대한 차별적 사회구조를 자진하여 개혁하고 국공립대학 교수의 문호를 외국인에 개방하여 아시아 제국의 언어, 역사, 철학 등의 관계강좌를 개설하는 등 제도상 '아시아와의 가교'를 만들어야 한다. 이러한 의도로 대학이나 연구기관에서 아시아 중심의 학문체계를 조직하기 위해서는 '후진적'으로 보이는 아시아 국가들의 문화와 '선진적'으로 생각한 일본의 문화와의 종합을 도모하는 새로운 철학을 추구하는 아시아 교류가 필요할 것이다. 그 기점은 역사적 차별의 근원·국적을 초월한 인권사상의 정립이 전제가 될 것이다.

특집
새로운 '한미일체제'
新たな「米日韓体制」

마에다 야스히로는 1936년 오사카 출생으로 매일신문 도쿄본사 편집부 외신부 기자, 서울지국장, 편집위원을 거쳐 1992년에 퇴사했다. 한반도와 중국을 포함한 아시아와 미국 각국을 취재 해왔다. 1991년에는 김일성 주석과 단독으로 회견을 했다. 이 글에서는 한국 현대사의 중요한 역사적 사실에 대해 숫자의 개념을 통해 정리하였다. 광주사태를 비롯하여 전두환의 ASEAN 방문, 한미일 관계, 한일 정재계 등 한국을 둘러싼 국내외 정세를 분석하고 있다.

세 자릿수의 숫자

한국의 최근 역사적 사실을 조사하고 있자면 '재미있는' 현상이 있다. 주요 정치상의 중요한 시기가 세 자릿수의 숫자로 간단명료하게 드러나는 것이다. 1919년 3월 1일 항일봉기는 '3·1'(삼일), 60년 4월 19일 학생혁명은 '4·19', 그리고 45년 8월 15일의 해방기념일, 광복절은 '8·15'(팔일오)로 통한다. 1950년 6월 25일에 발발한 조선전쟁은 '6·25'(육이오)로 한국인이면 누구라도 새긴다. 박대통령의 정권하에서는 61년 5월 16일 군사쿠테타도 기념일이 되어 서울 남쪽 교외 여의도(여의도) 광장은 '5·16'(오일육)으로 이름을 붙이며 지금도 과업을 생각하게 되었다. 그러나 이러한 숫자 맞추기도 때로는 정권에 의해 아예 무시되거나 과대하게 평가되는 등 국민의 '역사관'을 크게 당혹시킨다.

페이지
131-141

필자
마에다 야스히로
(前田康博, 1936~)

키워드
광주사태, 반정부투쟁,
AESAN, 한미일,
한일정재계

해제자
석주희

3·1 정신도 '한일국교정상화'를 성공시킨 이후에는 박정희 정권에서는 귀에 거슬리는 것이 되어버린다. '4·19'에서는 혁명정신의 계승은 칭송하더라도 학생의 정치참가를 기피하는 군사정권 아래에서는 '5·16'이야말로 매년 '위업이 현창하여 발전하지 않으면 안된다'는 기념일이었다. 항일운동도 독재정권을 타도한 청년들의 행동도 국민의 마음은 어찌되었건 정부의 손으로 풍화가 재촉되었다.

새로운 몇 가지 세 자릿수의 숫자가 등장했다. 전두환 정권을 초래한 기점이 된 79년 10월 26일 박정희 대통령 사살사건은 '10.26 사태'(십이육사태)로 초등학생조차 이해할 수 있었다. 이어서 전승화 육군참모총장(당시)등의 군장로를 숙청한 그 해 12월 12일은 '12·12' 쿠테타이다. 몇 가지 세 자릿수의 숫자도 조선에서 발음된 순간 국민에게 여러가지 감정을 초래했다. 당시 위정자가 강조되거나 또는 반대로 무시되거나 하더라도 역사적인 의미는 변하지 않는 것을 국민이 가장 잘 알고 있었다. '육이오'에서는 이미 누군가를 화형시키거나 증오를 격화시키는 감정의 에폭이 없어졌다. 비장한 민족 통일을 실현하기 위해서는 무엇보다 육이오의 증오를 넘어서지 않는 한 길이 열리지 않는 것을 많은 한국 국민은 알고 있기 때문이다.

육이오 풍화

올해 '육이오'는 더욱더 '기념해야 하는 날'이 되었다. 전두환 대통령이 동남아시아제국연합(ASEAN) 5개국 방문의 여정에 나선 것이다. 건국 이래, 최초의 '쾌거'로 2월 레이건 대통령의 초청에 의한 방미와 함께 전두환 대통령은 두 개의 큰 득점을 점하게 된 것이다. 3월 3일 전두환 대통령취임, 같은 달 26일 총선거 등 중대한 정치 일정이 예정대로 소화되는 가운데 한 가지 다수의 한국 국민의 가슴에 사무치는 숫자 '5·18'이 있다. 작년 5월 18일부터 27일까지 10일간 전라남도 광주시에서 발생한 대규모 유혈사태이다.

한국 국민은 계엄사령부의 성명문 이외의 광주의 진상을 알지 못한다. 김대중 전 대통령 후보를 모반자로 하는 '내란음모사건', 과격파, 폭주에 의한 '폭동사태'라는 당국의 발표에서도 사망자가 189명에 달하며 부상자는 수천 명에 이르는 사건이 무엇을 의미하는지를 생각하지 못했던 한국 국민은 없을 것이다.

이를 대신하여 사용하고 있는 것이 그 전날 5월 17일의 '비상계 엄령 전국 확대·강화'를 나타내는 '5·17'조치라는 단어이다. 군부가 김대중 씨 외 김종필 전 수상, 김영삼 전 신민당 총재 등 정치가를 내란, 권력형 부정부패 등의 혐의로 투옥시키고 구금, 정계추방을 실시하여 실질적인 군사정권을 탄생시킨 군사쿠테타의 날이기도 하다.

광주의 1주년

광주 사태 1주년은 당연하게도 국내외 국가를 비롯하여, 일본의 관심을 모았다. 현지에서 1주년의 르포를 타전한 일본특파원들은 '평온함'을 전달하며 '진정된' 사태를 상조하고 있다. 반면, '내란음모'의 수모자로 김대중 씨의 소식도 광주시민의 소리도 보고되고 있지 않다. 그러나 광주시의 분위기가 일견 아무 일도 없었던 것처럼 일본인 특파원들의 눈에 비춰지더라도 시민의 마음에 널리 퍼져있는 모든 생각을 완전히 없어지는 못한 것일까.

광주진압 1주년인 5월 27일 오후, 서울시 남부 관악구에 있는 국립 서울대 교내에서 광주일고 출신의 경제학부 4학년인 김태훈 군(22세)이 도서관 5층 창문에서 항의의 투신으로 자살했다. 같은 날 오전 '반파쇼 투쟁'을 외치는 전단지가 살포되고 일부 학생은 침묵데모를 실시했다.

학생들의 반정부투쟁은 3월 국회의원선거 전부터 격화되는 경향을 보이기 시작하여 같은 달 19일에는 서울대에서 2천명이 데모를 실시하고 '반파쇼 시국선언'을 발표했다. 4·19를 전후로 하여 전대, 경북대, 부산대, 세종대 등 서울 뿐 아니라 경상남북도 등과 지방에 있는 대학에서도 학원투쟁이 연이어 발생했다. 특히 5월 12일에는 서울의 사립대인 성균관대에서 광주사건 1주년을 기념하여 18일부터 27일까지를 '민주화를 위한 성전' 기간으로 두고 반정부 투쟁을 실시한 것을 계기로 연세대, 고려대, 동국대, 성신여대, 외국어대, 이화여대 등 유력대학의 대부분으로 확대되었다. 작년 5.17 조치로 인해 올해 3월 총선거까지 비상계엄령이 선포되고 국가보위입법회의 아래 개정된 '집회·계엄규제법'이나 반공법을 흡수한 '국가보안법'등 반정부 활동을 강압하는 법률이 박정희 정권 시대보다 강화되었다.

반파쇼 투쟁

모든 대학에서 '반파쇼'가 공통의 슬로건이 되었다. 서울대에서 나타난 전단지에는 1) 학원 내의 자유회복 2) 노동3권의 보장 3) 당국이 강요하는 '국풍 81년' 민속문화제의 중지 - 를 요구하고 있다. 학생들의 투쟁의 출발점은 모두 작년 12월 11일 전두환 대통령 아래 신 헌법 제정을 위한 국민투표를 앞에 두고 서울대생이 '반파쇼 학우 투쟁선언'을 발표하고 그 내용에 대해 다음과 같이 명확히 밝히고 있다. 그것은 '이 국가의 민주주의와 통일을 위해 몸을 던지고 지금은 전민족의 등불로서 눈감은 2천여 명의 혼을 앞에 두고 이 글을 바친다'고 노래하며 광주의 유혈사건을 확실한 기점으로 두고 있다.

반파쇼 학우 투쟁선언은 카터 정권의 브라운 미국방장관이 방한(12월 13일)을 겨냥하여 발표된 것이다. 미국방장관의 서울 방문은 김대중 씨의 재판을 둘러싼 한미 협의를 위한 것이었다. 그러나 한국 내 반미감정의 고양은 '한미수뇌회담'을 중심으로 양국 관계의 긴밀화와 전두환 정권을 미국이 인정한 것에 대한 한국 내의 불쾌감을 보여주었다.

레이건 대한지원

레이건 미정권의 대한 군사지원은 학생들의 움직임과는 반비례하여 이전보다 강화되었다. 무엇보다 2월 1일부터 4월 10일까지 한미합동군사연습 '팀스피릿 81'은 미국의 대한 방위공약 준수 의사를 국내외에 과시할 수 있었다. 이 연습은 미국 본토 및 태평양지역, 오키나와 미군 3만 3천8백 명, 주한미군 2만7천7백 명, 한국군 10만 명이 참가하여 '유사'에 대비한 장병 수송작전이나 한미 군인의 연대 플레이가 실제로 테스트되었다. 일본의 자위대간부의 참관이라는 한미일 군사체제의 일면을 보이기도 하였다.

같은 달 29일과 30일 양일 간 샌프란시스코에서 실시된 레이건 정권 발족 후 최초의 '제13회 한미안보협의'는 양국의 군사협력관계가 진전하는 기회가 되었다. 또한 한국의 방위산업의 육성을 위한 기술지원을 추진하는 것 외에 한국에서 라이센스가 생산되고 있는 여섯 종의 무기의 제3국의 수출을 승인했다.

이러한 미국의 대한 편입은 한국 측의 당초 예상을 상회하는 것으로 3만9천명의 주한미군을 철수하는 구상을 파기하고 한국방위를 북대서양 조약기구(NATO)와 같은 수준으로 격상하는 것이다. 이는 미군으로부터 추진 된 것으로 나타난다. 지금까지 한미 정례 안보협의는 단순히 양국 간의 실무적인 협의로 이루어졌으나 동북아시아 안보에서 일본의 책임분담이나 역할이 협의의 대상이 된 것은 아니었다. 이 같은 미국의 대한 지원 강화는 레이건 정권의 대소 전략의 일환으로 전개되었으며 일본의 방위력 증강 문제에 새롭게 커다란 영향을 미치게 되었다.

대일불쾌감

이 미일수뇌회담 이전에 실시된 미일외상회의(3월 27일)에서 이토 외상의 발언이 한국 정부를 강하게 자극하였다. 이토 외상은 헤이그 국무장관에게 '북으로부터의 한국을 전면 공격할 것이라는 두려움은 없다. 미국과 조선민주주의 인민공화국(북조선)과 협력을 주선하고 싶다'고 표명하였으며 이에 대해 한국정부는 '강경한 대응조치를 취한다'며 맹렬히 반발했다.

그러나 한국정부가 주장하는 구태의연한 '북의 위협'이 일본 국민에게는 어떠한 설득력도 가질 수 없다는 것을 무시할 수는 없었던 것은 아닐까. 또한 미일관계에 선행하여 한미가 추진하는 가운데 레이건 정권의 극동정책 - 대소련 군사대결 노선의 일환으로 한국이 비정상적으로 중시되어 한국 지원이 일본의 군사력 증강의 이유로 거론되는 것에 대해 이토 외상이 일종의 위기감을 가지고 있었던 것이다.

심화되는 한일 정재계 유착

한일외상회담은 연기되었으나 양국의 정·재계인의 교류는 6월에 들어서 본격적으로 재개되었다. 스즈키 친서를 준비한 아베 신타로 자민당 정조회장 등 9명이 같은 달 중순에 방한하여 수뇌회담을 조정하는 것 외에 10일에는 한일의원연맹의 한국 측의 인사 197명이 결정되어 19일에 처음 대표단이 방일했다. 김윤환 간사장을 적극적으로 대일방문을 추진했다.

이들 대부분 40대 신진의원과 서울의 유력지의 전(前) 주일 특파원으로 일본어를 자유롭게 구사하는 지일파로 구성했을 것이다. 그 외 전두환 대통령과 육사동기(제11기)의 권익현 의원, 여당의 유력인사인 전 KCIA출신의 윤석순 의원, 김대중 재판에서 재판장을 역임한 류근환 의원(퇴역중장)등을 포함하여 전두환 정권과 일본정부당국, 재계, 정계, 언론계, 군부를 연결하는 강력한 파이프 역할을 형성하기 시작했다.

이러한 한일의 새로운 관계는 정당성이 없으며 일본의 여론은 군정기피를 하고 있었다. 양 국민의 지지를 제외한 정부 간 관계의 회복이나 긴밀화는 뿌리 없는 풀에 지나지 않는다. 양측의 지도자가 국민의 앞에 당당히 왕래하고 진정한 평화와 안전을 합의해야 할 필요가 있다. 이 같이 추진되는 미일 양 정부의 군사, 경제, 외교 각 분야에 걸친 교류와 이에 대한 전면적인 한국정부의 지지는 이후 어떤 결과를 가져올 것인가. 양 국민이 부재한 상태에서 새로운 '한일 유착구조'가 생겨난 것은 틀림없다.

ASEAN과 한국

전두환 대통령은 어정쩡한 태도의 일본정부를 무시하고 6월 25일부터 7월 9일까지 15일간에 걸쳐 동남아시아 제국연합(ASEAN)을 방문하여 주목할 만한 성과를 올렸다. 방문의 제1목적은 국내외 정치적 안정을 인상에 남기려는 것이었는지 한국의 각 신문사는 특파원을 총 동원하여 정상외교의 성공을 칭송하기 시작했다. ASEAN지역의 방문은 한국 대통령으로서 최초로 전두환 대통령에게는 2월의 방미에 이어 장기외유가 되었다. 방문의 제2목적은 경제적으로 다시 일어선 기사회생책으로 동남아시아 각 국과의 경제 관계를 확대하는 것이었다.

전두환 정권의 등장으로 한국은 아시아 무기 공급 국가로서 새로운 성격을 가지게 되었다. 전두환 대통령은 각 국에서 캄보디아 문제를 중심으로 하는 ASEAN의 국제 활동에 전면적인 지지를 표명하는 대신 남북조선의 유엔가입과 남북정상 상호방문 등 한국정부의 주장에 대한 ASEAN측의 지지를 요청하였다. 필리핀을 제외하고 이들 ASEAN 4개 국가는 조선민주주의 인민공화국과 국교를 가지며 비동맹회의에서 자리를 함께하는 사이였다. 그러나 한반도

165

전쟁, 베트남 전쟁에서 공동으로 투쟁한 "반공의 전우"라는 전두환 대통령의 높은 톤의 결의 표명에 ASEAN이 당혹스러워하는 장면이 보였다. ASEAN 각국이 남북의 자주적인 평화통일을 희망하는 것은 당연하면서도 '대결정책에는 휘말리고 싶지 않다'는 공통의 자세도 동시에 한국에 드러낸 것이다.

이번 방문이 한국 내에 존재하는 뿌리 깊은 군사정권의 비판의 소리를 봉쇄하는 효과를 발휘할 수 있을지. 드디어 무기 세일즈맨으로서 부상한 한국에 대하여 일본의 정재계는 어떤 협력태세를 취할 것인가. 한국의 정치적 상황은 잠시도 눈에서 떨어지지 않는 단계에 접어들고 있다.

특집
치유되지 않는 화상의 흔적
癒されぬケロイド―朝鮮人被爆者の三十六年間―

구와나 야스하루는 고교교사로 히로시마 원폭 희생자에 대하여 서술했다. 조선인 희생자를 위한 위령비의 흔적을 보며 전후 36년을 맞이한 현재 원폭피해자 운동의 흐름을 설명하고 있다. 원폭피해자협회와 일본정부, 미쓰비시의 법적 투쟁과 보상운동을 구체적으로 서술하고 일본의 식민지를 철저히 반성하고 피해자들에게 보상이 이루어져야 한다고 말한다.

1.

1945년 9월 포츠담 선언의 수락을 '국체'로 해석하여 망설이고 있는 일본에게 두 발의 원자폭탄이 떨어졌다. 다수의 무고한 민중이 비참한 최후를 맞이하고 상처를 입었다. 이 참상은 생존피폭자뿐 아니라 피폭 2세에도 전달되어 지금도 이어지고 있다. 8월 6일 히로시마에서 원폭희생자의 숫자는 약 20만 명으로 알려져 있으나 정확히 알 수는 없다. 그로부터 36년, '노모어 히로시마'의 소리가 끊이지 않으며 위령비의 불이 이어지고 있다 그러나 당시 일본의 지배아래에 있던 조선인의 희생자가 전체의 거의 1할에 해당하는 2만 여명에 이르는 것을 아는 사람은 의외로 없다.

조선인 희생자의 위령비를 평화기념공원에 설립하지 못하고 심지어 그 일부가 전소되어 있는 것을 아는 사람은 더욱 적을 것이다. 이 위령비는 지금도 메워져있던 문자의 흔적이 켈로이드처럼 보이

페이지
158-167

필자
구와나 야스하루
(桑名靖治, 미상)

키워드
원폭피폭자, 유족회,
미쓰비시 징용공,
히로시마

해제자
석주희

며 혼가와바시 시니시즈메의 한 모퉁이에 서 있다. 전후 36년 우리들은 무엇을 보고 있는 것인가.

이 시기 미쓰비시 중공 히로시마 기계 선박 양 공장에는 약 2,800명의 조선인 징용공이 보내져 있었다. 1945년 8월에는 그 수가 더욱 증가하여 히로시마 선박소속 약 2,000명, 히로시마 기계제작소 약 1,500명의 합계 약 3,500명으로 원폭의 참사에 직면했다. 그들의 대부분은 경기도를 중심으로 조선남부 출신자로 전장의 병사와 같은 성전수행의 사명을 가진 산업전사로 불렸다.

조선인 노동자에 대한 차별은 끊이지 않았다. 급여 등의 대우는 물론 배급물자가 조선인에게 건네지지 않는 경우도 있었고, 식당의 밥이 없어서 먹지 못하는 경우도 있었다. 불만이 쌓여 소동이 발생하면 중심인물이 경찰에 연행되거나 헌병대가 출동하거나 했다.

전국은 절망적이었다. 군령공장의 노동자를 감소시키자 노장수 씨는 징용공의 간부를 설득하는 역할을 맡았다. 식당의 처마 밑에 모여 상담을 하던 순간 눈앞에 휴즈가 켜진 것 같은 빛이 발산하며 형용하기 어려운 소리가 귀를 두드렸다. 8월 6일 오전 9시 15분이었다. 노 씨의 부인인 전정숙 씨도 그 날 히로시마 시내에서 외출하여 피폭되었다.

종전이 되었다. 노 씨 등에게 일본인인 것을 강제한 속박은 없어졌다. 어제까지 지배자는 보복을 두려워하며 조선인을 감시하였다. 미쓰비시도 그들의 징용공 귀국을 위해서 적극적으로 움직이는 것은 하지 않았다.

겨우 귀국한 노 씨였으나 선발대 일행은 어느 누구도 보이지 않았다. 전 재산을 동생 부부에게 맡긴 노 씨는 무일푼이 되었다. 절망 가운데 있는 노 씨에게 더한 불행이 찾아왔다. 피폭 방사능을 입은 부인인 전정숙 씨가 심신의 피로로 귀국 후 3개월 사이에 원폭증으로 사망해 버린 것이다. 노 씨도 원폭증이 나타나기 시작했다. 우선 빈혈 증상이 나타났다. 전신이 늘어지고 이내 피곤해졌다. 불행은 그것만으로 끝나지 않았다. 노 씨가 원폭증으로 고생하는 사이에 6·25 동난(한국전쟁)이 발생했다.

2.

1967년 7월, 한국원폭피해자보호협회가 결성되었다. 협회결성에 움직인 사람 가운데에 미쓰비시 히로시마 징용공이었던 사람들이 있어 협회는 바로 미쓰비시 문제를 내세웠다. 68년 4월, 협회는 정식으로 유골 조사와 조국송환, 미지급 임금과 보상금의 청구, 유족에 대한 원호 등을 미쓰비시 중공에게 요구했다. 74년 4월에는 피폭자침몰유족회가 결성되어 같은 해 5월, 한국인 원폭피해징용자동사회가 한국원폭피해 미쓰비시 징용자 피해보상 투쟁위원회로 개조되어 각각 같은 취지의 요구를 정리했다. 이 같은 움직임에 대하여 미쓰비시측은 시종 요구를 거부하였다.

한국에서 피폭자의 움직임이 활발해진 74년에는 일본에서도 몇 가지 새로운 움직임이 나타났다. 예를 들어 원폭증 치료를 위해 70년 12월 일본에서 '밀항'한 손진두 씨의 소송에 대해 74년 3월 후쿠오카 재판은 피폭자 건강수첩을 교부받을 자격이 있다는 승소 판결을 내렸다. 원폭의료법의 외국인의 적용을 인정하지 않는 후생성은 항소했으나 74년 미노베 도쿄도지사가 외국인 피폭자에게 동법을 적용하는 방침을 내렸고 조선인 피폭자인 신영주 씨에게도 수첩을 교부하게 되었다. 이는 획기적인 것이었다.

3.

유족회가 결성 된 지 7년 정도가 지났다. 그러나 미쓰비시 징용공의 보상문제는 그 사이 조금도 진전하지 않거나 오히려 악화되었다. 한편 지원단체 내부의 멤버인 정치적 미숙함이 더욱 어려운 상황을 만들었다. 지원하는 회의 기관지인 '미쓰비시 징용공' 제2

호(1978년 15일)의 기사가 문제의 발단이었다. B4 반 2페이지의 제 1면에 한국계의 기사와 유족회 회장, 노 씨의 어필을 게재하고 제2면에는 지원운동의 역사와 미쓰비시석유의 노동조건을 고발하는 해설기사가 있었다. 한국관계의 기사에는 사실관계나 정치적 상황을 정확하게 하지 않는 채 비판하는 단락의 기술이 많았다. 노 씨는 정치적 배경이 없는 것을 해명하지 않으면 안 되었다. 그러나 그 기관지는 '인도적 입장'의 지원으로 보기에는 현실의 정치상황에 대한 발언을 하는 것으로 보였다.

재한피폭자의 존재를 최초로 공식으로 관심을 표명한 것은 핵금지회의로 한국으로부터 피폭자 대표를 집회에 초대했다. 그 때 방일한 피폭자를 반동 괴뢰정권의 끄나풀로 부르는 사람이 원수금·원수협 가운데 있었다. 이러한 발상은 정치신조가 다르면 화상의 흔적이 되어도 상관하지 않는다는 식의 관동대지진의 대학살의 정신구조에 연결되는 것이다. 더 나아가 재한 피폭자는 초대되어 온 형태가 아니라면 일본에서 소송할 수 없었다.

지원하는 회가 해산되고 한국의 피폭자단체의 조직이 종료된 후 그 간극을 메우는 듯한 어느 인물 - A씨의 움직임이 눈에 들어왔다. A씨는 도쿄근방의 S현 T시에 살며 히로시마에 있던 적도 있는 구 협화회간부의 재일조선인이다. A씨는 1980년 한국에서 미쓰비시 피폭징용공 관계자로부터 미쓰비시에 대한 교섭의 백지위임장을 가지고 있었다. A씨가 종래의 보상요구의 운동과 전혀 무관한 인물로 백지위임을 주저하는 사람도 있었으나 한국정부의 영향 아래 있는 관계 단체로부터 강한 움직임으로 멈추지 않고 위임장을 제출했다. A씨는 그 문제로 히로시마를 방문하여 히로시마 민단의 피폭자 대책특별위원장인 강문희를 만났다.

미쓰비시는 지금까지 긴 교섭의 경과를 돌이켜보면 믿을 수 없었지만 A씨를 창구로 하는 교섭은 검토해도 좋다고 말한 것 같다. 그것도 미쓰비시측은 이전의 지원단체의 멤버 뿐 아니라 보도관계

170

자까지 교섭의 장소에 동석을 하지 않도록 하는 것을 전제조건으로 하였다고 한다. 만약 그것이 사실이라면 완전히 밀실에서 거래하는 위험도 있었다.

어느 날 신문지상에 '삼십 년만의 화해'라든지 '또 하나의 전후처리'라는 표제가 나타나거나 '책임'은 없으나 '인도적 입장'에서 '동정'하여 해결했다고 하는 총무부 차장의 담화가 게재될지도 모른다. 그러나 이러한 형태의 '해결'은 새로운 '신화'의 창조라고 해도 면죄부의 의미를 전혀 갖지 못한다는 점을 사전에 지적해 둘 필요가 있다.

4.

올 봄, 나는 히로시마를 방문했다. 혼가와바시의 위령비 앞에 섰다. 5년 전과 달리 깨끗하게 정비되어 있었다. 작년 두 개의 36년이라는 것을 말했다. 1910년의 '한일합병'으로부터 45년의 '종전'까지만 35년, 다하여 36년의 '일제지배'이다. 그리고 '광복'으로부터 작년까지 같은 해가 경과했다. 36년의 일본의 조선지배는 철저한 식민지적인 수탈이었으나 전혀 같은 36년 시간을 사용하면서 피폭자 사례 한 가지만 보더라도 조선에 끼친 상처는 아직 낫지 않고 있다. 반면 새로운 '협력' 관계는 확실히 진전되고 있기 때문에 보상할 시간이 없었다는 것이 아니라 보상할 의지가 없었다는 것은 명확하다. 그 위령비에 새겨진 문자는 치유되지 않은 화상으로서 우리들에게 묻고 있다.

우쓰미 아이코는 게이센 여학원 대학의 교수, 일본조선 연구소 연구원, 와세다대 대학원 객원교수로 일본과 아시아 관계, 전후 보상문제에 관심을 가지고 아시아의 평화연대와 시민운동에 참여하고 있다. 현재는 오사카경제법과대학 아시아태평양연구센터장을 역임하고 있다. 이 글에서는 조선인 BC급 전범 문제에 대하여 법적 투쟁과 당사자 증언 등을 제시하고 있다. 일본인으로서의 전쟁 참여와 전범으로서 재판, 조선인으로서의 보상을 요구하는 과정을 구체적으로 설명하고 있다.

전후 36년

광주로부터 한통의 두툼한 투서가 도착했다. 광주의 그 봉기로부터 1년이 지난 5월이었다. 투서 가운데에는 '육군'이라는 마크가 찍힌 편지에 잔뜩 써내려간 기소장, 법정변론의 복사본이 들어 있었다. 30년 이상도 전에 자바의 네덜란드 BC급 전범 재판의 것이었다. 복사본에 첨부된 편지의 한 구절에는 다음과 같은 글이 적혀 있었다.

"이와 같이 재판된 많은 조선인 범죄에 대하여 우리들은 무엇도 하지 않았다는 것을 원통하게 생각합니다. 유감이라든지 울분을 누르지 못하는 생각이라든지, 마음으로부터 그들이게 동정을

페이지
168-178

필자
우쓰미 아이코
(內海愛子,1941~)

키워드
조선인 BC급 전범,
전범재판,
스가모 형무소,
샌프란시스코 강화조약,
한일조약

해제자
석주희

금하지 않는다 등의 말로는 도저히 다 말할 수 없는 생각으로 가득합니다. 제가 지금까지 삼십 년간이나 손에서 놓지 않고 보존하고 있었던 것은 '때가 되면 반드시 쓸모가 있을 것이다'라는 확신이 있었기 때문입니다"

그러나 그 귀중한 자료가 '쓸모가 있다'는 것도 없이 전후 36년이 지난 지금 조선인 전범 문제는 해결되지 않고 있다. 편지를 보낸 사람은 전범이 된 조선인 군속들과 함께 자바에서 근무한 전 군속의 한 명이다. 1947년 3월 전범으로서 또는 용의자로서 형무소 생활을 하는 많은 동료를 남겨두고 자바섬을 떠날 수 없었던 그는 변호단을 꾸려서 빽빽하게 기소장이나 변론을 작성한 것이다.

일본의 침략전쟁에 징용된 조선인 군인·군속 가운데 전후 그 전쟁의 책임을 묻는 전범이 된 사람은 148명으로 그 중 23명이 사형을 선고받았다. 사형자 가운데에는 중국에서 통역을 한 8명, 필리핀에서 포로수용소의 소장을 하던 홍사익 중장 등도 있었으나 앞서 14명은 군속으로서 포로를 감시한 사람들이었다.

스가모 안에서

샌프란시스코 강화조약이 발효된 1952년 4월 28일 스가모 감옥에는 927명의 전범이 구금되어 있었다. 그 중 29명의 전 군속인 조선인이 있다. 유감이지만 조선인민과 일본인민의 협력에 의한 전범 추궁은 이루어지지 않았다. 물론 천황의 전쟁책임도 불문에 붙여진 채였다. 그러나 '책임 있는 행정관이나 사법관'이 그 책임을 추궁당하는 것 없이 전후를 살며 혹사된 조선인민이 감옥에 감금당한 것이다. 전쟁책임을 추궁당한 자는 '책임있는 자'가 아니라 혹사된 하급자가 많았다.

그러나 전후의 재일조선인 운동을 담당하는 사람들로부터 조선인 전범해방의 목소리는 나타나지 않았다. '친일분자' '대일협력자'

로 보여서 그런 것은 아닌가 생각된다. 또 그들의 관심을 받은 전 군속들은 한국에 인양된 이후 연락도 취할 수 없는 상태였다. 고립 무원 가운데 구류 중인 조선인 29명, 대만인 1명의 석방을 요청하는 재판을 시작한 것은 1952년 6월 14일이었다. 그러나 7월 30일 최고재판소는 형을 받았을 때 일본 국민이었다는 점, 샌프란시스코 발효 직전까지 일본에서 구금되었다는 점 등 두 가지 조건을 갖추면 그 후에 국적이 변경된 것에 관계없이 조선인, 대만인의 구류는 '법률상 정당한 절차에 의해 진행된 것'으로 석방 요청을 파기했다.

생활과의 투쟁

전범의 석방은 만기와 가석방 두 종류로 해당자는 각각 스가모를 뒤로 했다. 조선인 석방을 매년 기소하자 1947년 1명, 48년 4명, 49년 8명, 50년 31명, 51년 23명 52년 29명, 53년 5명, 54년 3명, 55년 88명, 56년 12명, 57년 1명이 되었다. 유기형 125명 가운데 96명은 샌프란시스코 조약을 발효하기 전에 석방되었다.

스가모에 구금되어있던 29명이 정부에게 처음으로 청원을 한 것은 1952년 12월 12일이었다. 그 요구는 실로 소박한 것이었다.

첫째, 석방 후, 일자리를 얻고 어느 정도의 생활 안정을 얻는 기간의 생활보장으로서 최저 1년분의 생활비 지급
둘째, 일본인 전범자와 같이 부재가족원호법의 적용(직접 가족에 지급이 곤란한 경우는 본인 출소 시 지급)
셋째, 희망자에게는 일본 영주권을 부여
넷째, 석방 시 침구 및 일반회사에 통용하는 의복을 지급
다섯째, 석방의 촉진

이런 검소한 요구조차 당사자가 '애원'하지 않으면 안 될 정도로

조선인 전범은 무권리 상태인 채로 방치되었다.

보상으로부터의 배재

일본에 송환된 이후 겨우 허락을 받은 가족과의 통신은 조선 전쟁이 한창일 때 한 가족의 생계를 상실한 가족의 비참한 상황을 전달할 뿐이었다. 샌프란시스코 조약 발효로 공포된 '전상병자전역자 유족 등의 원호법(4월 30일 공포)'는 4월 1일로 거슬러 적용되었다. 그러나 원호법은 외국인이 된 조선인을 전면적으로 그 대상으로부터 제외하였다. 일본 국민으로서 형 집행을 받으면서 보상으로부터는 배재된 것이다. 조선인 전범에 대한 보상은 샌프란시스코 조약의 발효까지 어느 하나도 없었다. 이것은 1945년 11월 24일 연합국군의 명령에 의해 전범 내지는 그 용의자로서 체포, 억류, 처형 된 경우 다음 달부터의 급여와 부양수당은 지급하지 않는다는 규정에 의한 것이다.

샌프란시스코가 발효되자 '특별미귀환자급여법'이 개정되어 전범으로서 구류된 자도 '특별미귀환자'로 간주되게 되었다. 이 경우 국적에 관계없이 구금되어 있는 사실이 문제가 되었기 때문에 조선인 범죄자 29명도 동법을 적용할 수 있다. 봉급이나 부양 수당 등이 지급이 되어야 하지만 가족이 일본 국내에 없는 그들의 경우 실질적으로 받는 것이 가능한 것은 월 1,000엔의 봉급 뿐이었다. 따라서 13개월 간 고작 13,000엔을 받은 것으로 법률은 폐지되어버렸다.

이어 1953년 8월 1일부터 '미귀환자 부재가족등 원호법'이 시행되었다. 이 법률에서는 전범으로서 구금된 사람을 '미귀환자'로 간주하고 부재 가족에게 '부재 가족 수당'을 지급하는 것이다. 조선인, 대만인 전범을 배재한다는 것은 어디에도 쓰여 있지 않았다. 그러나 부재 가족은 일본 국내에 거주하는 자에 한정한다고 정해져 있다. 조선으로부터 직접, 징용된 조선인 군속이 일본에 가족을 가졌을 리가 없다. 실질적으로 적용되지 않는 것과 같다.

보상을 요구하는 투쟁

정부의 이러한 방식에 대해 조선인, 대만인 전범들은 참지 않았다. 수상 관저에 찾아가 문에 몸을 날렸다. 일본 정부를 향해 55년부터 60년까지 일과 데모, 진정에 전념하는 생활이 이어졌다. 조직의 필요성을 실감한 조선인 전범은 1955년 4월 1일 '한국 출신 전범자 동진회'를 결성했다. 이 모임은 '상호부조하는 가운데 기본적인 인권 및 생활권을 확보하는 것'을 목적으로 한다. 동시에 일본정부에 교섭을 실시하는 것을 명시하고 있다.

정부가 '스가모 형무소 출소 제3국인의 원호대책에 대하여' 답변을 한 것은 7월 28일이었다. 답신의 골자는 다음의 두 가지 점이다. 첫째, 일시거주 시설에 대하여 조선인, 대만인 별로 일시 거주 시설을 만든다. 총액 300만 엔은 보조, 개별로 300만 엔을 빌려준다. 둘째, 생업자금의 대부에 대하여—법인격을 갖는 단체를 만들어 여기에 필요한 자금 300만 엔을 빌려준다. 투쟁 가운데 드디어 거주와 생업자금을 정부로부터 얻어냈다고 말해도 좋을 것이다.

택시회사의 설립으로

1955년 11월 24일 재단법인 청교회가 설립되었다. 일시거주시설, 생업자금의 대부의 창구를 위한 재단이다. 대만인 전범의 경우는 우호회라고 불렀다. 그러나 회장은 조선총독부 정부총감이었던 다나카 다케오였다. 조선청년을 전장으로 보낸 책임자인 것이다. 전범이 되어 다나카 다케오를 '재회'한 조선인의 가슴에 어떤 생각이 오고갔던 것일까.

동진회 멤버는 국가배상을 요구하는 운동에 본격적으로 매진하기 시작했다. 1956년 2월 25일 하토야마 총리대신에게 제출한 요청서에는 두 가지 요구를 했다. 첫째, 사형자를 위해 유족에 대해 금 500만 엔 지급(한 명당) 둘째, 유기형이 된 자에 대하여 체포된 날부터 출소한 날까지 계산하여 일일 500엔으로 지급(한 명당). 이 요구는 한일조약 체결에 의해 '일괄 해결됨'으로 교섭조차 거부된 1966년까지 십년간에 걸쳐 역대 내각에서 반복하여 요구된 금액이다.

그러나 일본 정부는 이러한 요구에 응하지 않았다. 일본 정부가 한 것은 57년에 일인당 5만 엔의 생활자금을 지급한 것과 58년에 각의완료에 의해 일인당 10만 엔을 지급하고 제2조 공영주택의 입주자 선정에서 우선순위를 갖는 통첩을 내는 것, 그리고 60년 택시 면허를 내어주는 것이었다. 결국 10대의 차로 동진교통이 시작되었으나 신용이 없었다. 자동차의 할부를 인정받지 못했기 때문에 10대 전부 퇴직금으로 구매했다. 1980년 창립 20주년을 맞이하여 동진택시는 보유차량도 51대로 증가했다.

한일조약으로 해결됨

전원이 핸들을 가지고 일에 전념한 동진회 사람들이 '국가보상 요청'의 활동을 재개한 것은 2년 후인 1962년이었다. 같은 해 10월 11일 내각부심의회는 '스가모 형무소 출소 제3국인의 위자에 대하여'를 정리하여 '정부로서는 일반적으로 보상 요구에 응할 의무는 없지만, 재일 제3국인 전범자가 놓인 특수한 사정을 고려하여 이들을 위로하기 위해 각종 원호 조치를 청구하여 오늘에 이르렀다'고 말하였다. 그러나 동진회 사람들은 동정은 참을 수 없었다. 그 후 매년, 매월, 매주 정부에 면회를 요구하고 실정을 호소했다. 그 결과 1964년 구체적인 지급 금액의 검토에 들어갔다. 그러나 창구에서는 보상에 응하는 태도를 보이면서 다른 한편으로는 한일 교섭을 추진하고 있었다.

1965년 12월 18일 '재산 및 청구권에 관한 문제의 해결 및 경제 협력에 관한 일본국과 대한민국과의 협정'이 발효되어 청구권에 관해서는 '완전하며 최종적으로 해결되었다'는 태도를 밝혔다. 이후에는 '모두 해결되었음'으로 면회에 응하지 않게 되었다. 그리고 보상은 한국의 국내 문제이므로 불만이 있으면 자국의 대사관으로 가도록 하였다. 그러나 한국 국내에서는 한일조약에 의해 '대일민간청구권'의 대상은 1945년 8월 14일 이전에 사망한 자에 한정하였다. 전쟁 재판의 형사의 경우와 같이 전후의 사망은 청구 대상으로부터 제외하게 되었다. 조선인 범죄자들의 전후 고독한 전쟁은 무엇보다 일본인의 전쟁책임에 대한 무자각을 대변하고 있는 것처럼 생각되었다.

온돌방
おんどるばん

'지금은 통일을 생각한다'에 감동 오사카시(大阪市) 고노하나구(此花区)· 조흥미 · 23세

26호 좌담회 '지금 통일 문제를 생각한다'를 읽고, 조국통일에 대하여 가슴이 아플 정도로 동감했다. 좌담회에서 통일을 오래 끌 수록 젊은 세대의 조국 분리가 심각해 질 것이라는 말이 있었으나 나 자신은 통일문제에 대해서는 1세대 사람들에게 비하면 장기적인 시각으로 보고 있었다고 생각한다. 이제부터도 계간 삼천리를 통해 조국에 대한 문제를 분명하게 인식하며 살아가고 싶다.

'읽을 가치가 있는 특집' 도요나카시(豊中市)· 하이타니 지토세(灰谷千歲)· 시 직원 · 43세

오사카 도요나카 시에서는 1979년 9월에 재일외국인교육기본방침을 제정하여 주로 재일조선인 교육의 실천적인 모색을 시작하고 있다. 그 의미에서 도시교육위원회 지도과에서 자리를 둔 입장에서 본 지의 25호의 '조선인관을 생각한다'는 읽을 가치가 있는 특집이다. 이러한 종류의 잡지는 이후에도 점차 발전해 나가면 좋겠다고 바라마지 않는다.

페이지
254-255

필자
독자

키워드
통일, 조선인관,
김대중, 일본인

해제자
석주희

'생각해야 할 것' 도쿄도(東京都) 미나토구(港区) · 혼조 노보루(本城昇) ·
국가공무원 · 34세

　직장에서 김대중 씨 문제에 대해 소소한 질문이나 생각을 중시
하며 결론을 급하게 내리지 않는다는 이야기를 이어가고 있다. 다
만 조선에 대해 무지하다는 것을 알게 되었다. 이번에는 일본인으
로서 부끄럽지만 조금은 알게 되었다. 그 가운데 잡지 '세계'에서
'계간 삼천리'의 광고를 보았다. 조선의 문제를 바르게 인식하는
것이 우리 일본인의 살아가는 방식과 밀접하게 관계하고 있는 것
을 알게 된 지금 더욱 깊은 이해를 하기 위해 귀사의 잡지를 읽고
싶다고 생각한다.

편집을 마치며
編集を終えて

'3인의 방한에 대하여' 편집위원·강재언

　편집위원회 3인의 방한 목적이나 경위에 대해서는 전호의 '3월 방한에 대해서'에서 모두 보고했으나 그 후에도 그것만으로는 석연치 않은 독자의 소리도 있었고 그 밖에 여러 가지 주관적인 추측을 넣은 비판, 비난, 중상, 비방도 이어지고 있다. 본고에서는 물론 그것에 대답하지는 않았다. 그렇다는 것은 우리들의 방한 목적이 본고를 쓰는 지금 시점에서 객관적인 결과로서 나타나지 않기 때문이다. 정치범의 '감형'이나 석방의 '청원'을 방한을 위한 구실로 사용한다던지 또는 그런 청원행위는 전두환 정권에 대한 허상에 지나지 않는다는 등 여러 의견이 있었으나 우리들의 방한은 객관적인 결과만이 그것에 대답할 수 있을 것이다. 그러나 우리들은 희망은 버리지 않고 있고 또 버릴 수도 없다. 인간이 자신의 사상, 신조만을 위해서 지상에서 영원히 몰살되는 것은 견딜 수 없는 것이다. 방한의 목적이 실현되기까지 우리들이 최선을 다할 수밖에 없다.

'편집을 마치고' 편집위원·이진희

　전호의 '3월의 방한에 대하여'를 읽은 독자로부터 다수의 편지가 쏟아졌다. 본호의 '온돌방'은 그 일부를 게재했으나 많은 찬성의

페이지
256
필자
강재언, 이진희
키워드
방한, 남북관계,
민족운동
해제자
석주희

목소리와 함께 그것만으로는 아직 석연치 않다는 소리도 있었다. 한편, 정치범의 가족으로부터 감사를 전하는 말이 다른 사람을 통해 전해졌으나 3인의 방한을 중상·비방하는 캠페인은 집요하게 이어지고 있다. 우리들의 방한 목적이나 경위, 한국에서의 행동에 대해서는 김달수 씨가 『문예』의 7월호에서 연재하는 '고국으로의 여행'에 쓰여있기 때문에 구독해주길 바란다.

독자로부터 강한 요청이 있어 '조선의 민족운동'을 특집으로 하였다. 일찍이 민족운동은 다양한 사상의 사람들에 의해 여러 가지로 형태로 진전하고 있다. 그러나 사람들의 가치관이 다양화되고 있음에도 불구하고 그것을 품는 방향은 동떨어져가는 경향이 있다. 이후에도 본지에서는 이러한 문제를 논의하고 싶다.

해제자 소개

서정완   한림대학교 일본학연구소, 소장
전성곤   한림대학교 일본학연구소, HK교수
김경옥   한림대학교 일본학연구소, HK연구교수
김현아   한림대학교 일본학연구소, HK연구교수
석주희   한림대학교 일본학연구소, HK연구교수
정충실   한림대학교 일본학연구소, HK연구교수

한림대학교 일본학연구소 일본학자료총서 II
〈계간 삼천리〉 시리즈

계간 삼천리 해제집 *4*

초판 인쇄   2020년 5월 20일
초판 발행   2020년 5월 29일

해   제 | 한림대학교일본학연구소
펴 낸 이 | 하운근
펴 낸 곳 | 學古房

주   소 | 경기도 고양시 덕양구 통일로 140 삼송테크노밸리 A동 B224
전   화 | (02)353-9908 편집부(02)356-9903
팩   스 | (02)6959-8234
홈페이지 | www.hakgobang.co.kr
전자우편 | hakgobang@naver.com, hakgobang@chol.com
등록번호 | 제311-1994-000001호

ISBN 978-89-6071-957-6 94910
        978-89-6071-900-2 (세트)

값 13,000원

■ 파본은 교환해 드립니다.